社群营销密码

王鸥飏 沈悦恩 倪李斌 ◎著

中华工商联合出版社

图书在版编目（CIP）数据

社群营销密码 / 王鸥飏，沈悦恩，倪李斌著. —— 北京：中华工商联合出版社，2021.9
ISBN 978-7-5158-3075-9

Ⅰ. ①社… Ⅱ. ①王… ②沈… ③倪… Ⅲ. ①网络营销 Ⅳ. ①F713.365.2

中国版本图书馆CIP数据核字（2021）第158082号

社群营销密码

作　　者：	王鸥飏　沈悦恩　倪李斌
出 品 人：	李　梁
图 书 策 划：	蓝色畅想
责 任 编 辑：	吴建新
装 帧 设 计：	胡椒书衣
责 任 审 读：	李　征
责 任 印 制：	迈致红
出 版 发 行：	中华工商联合出版社有限责任公司
印　　刷：	北京欣睿虹彩印刷有限公司
版　　次：	2021年9月第1版
印　　次：	2021年9月第1次印刷
开　　本：	710mm×1000mm　1/16
字　　数：	197千字
印　　张：	14.5
书　　号：	ISBN 978-7-5158-3075-9
定　　价：	56.00元

服务热线：010-58301130-0（前台）

销售热线：010-58302977（网店部）
　　　　　010-58302166（门店部）
　　　　　010-58302837（馆配部、新媒体部）
　　　　　010-58302813（团购部）

地址邮编：北京市西城区西环广场A座
　　　　　19-20层，100044

http://www.chgscbs.cn

投稿热线：010-58302907（总编室）

投稿邮箱：1621239583@qq.com

工商联版图书
版权所有　盗版必究

凡本社图书出现印装质量问题，请与印务部联系。

联系电话：010-58302915

前　言

这本书的写作，并不在计划之中。作为有 20 多年经验的职业培训师，每年有超过两百天都在培训课堂或者培训的路上，满怀激情，激发众人。

前些年，精力更多地用在了《培训师》这本国家标准教材的编写上。《百万年薪：培训师进阶之路》《心理健康自测与自我调适》这两本书都是专业领域的内容。2019 年，结合这几年带领大品牌转型线上和微商团队总教练的经验，撰写《社交新零售》一书，并且一举成为畅销书。

然而，一场疫情，让很多培训戛然而止，让自己有了更多的时间去思考，整理这些年培训咨询教练的实战经验，来梳理出最值得分享的内容。

社群这个词，成了我必然的选择。

其实，从 2001 年开始，大学校园中就开展了线下的社群活动，那个时代还是以 BBS 为主，每周的 HR 论坛、COACHSKY 聚会、栖息谷活动等，让一个个陌生的面孔走到一起，进行资源共享和互补。

很多人后来都成为那个时代的先锋，比如琢磨先生、西瓜太郎、胡涂等。可以说，社群让我得到了极大的提升，在职业生涯早期就具备了很多资源。

2002年参加培训师国家标准的开发，让我在培训界有了更多知名度和人际链接，很多学生、同行、前辈，感受到了我对培训的热爱和这份努力刻苦，帮助我建立了培训师社群，促进了国家标准的制定、行业活动的丰富、展会杂志的蓬勃发展。可以说，社群也让我成为某个领域的领军者，也给予了我很多成就。

这些年，通过MBA授课，让我积累了很多政商资源，"中年大叔"开始加入一个个圈层，于是很多时候甚至有点自我膨胀，好在"改变自己最好的方式就是改变自己的圈子"。

当我身边的这些朋友们，每天早起打卡，养成经常运动的习惯，自费充电学习，甚至著书立说，开展闭门会、私董会……各类社群活动，丰富多彩，着实让我这个ENFP（健谈、友善、聪明、温柔）性格的人，彻底被点燃。

但频繁的社群活动，也让我看到了很多人在组织社群时候的困境。

拉新非常困难。

社群热度不够。

运营团队不专业。

无法形成闭环价值。

社群很多，管理困难。

社群流于表面，资源缺少对接。

……

大多数人，不依靠团队，很难打造持续热度的社群，很难依靠纯粹的社群来创造价值。

直到我链接了三个人。

20多年的好兄弟李海峰老师，我们同一天进入培训行业。他选择了DISC（职业性格测试）作为知识付费的标签，迅速抢占赛道，依靠非正式组织，做出了很多令我瞠目结舌的大成就。近万人的万元付费课程认证，1000多天连续社员群内分享，出版几十本图书，打榜各大平台知识付费冠军。从他身上，我看到了社群运营的价值、社群链接的温度，还有社群强大的力量。

彪悍一只猫，这个从草根逆袭的兄弟，只有一面之缘。那时候我只是觉得这个年轻人很聪明，后来每年都搞大事；在一块听听有20多万用户付费收听，训练营、闭门会、圈层活动个个都是重付费项目。当我填写了一个多小时的表格，申请两万多元的活动被驳回，让我从他身上看到了社群发展的趋势、社群做大的标杆和社群规则的价值。

邻三月，这个小姑娘跟着秋叶大叔在武汉，从社群运营开始发力，写书、办训练营、招收几千名付费学员。令人惊讶的是，刚到上海，就靠一篇公众号推文，只有两天时间，价值万元的闭门会就招募了近百名用户。我也心甘情愿地自费参加，心甘情愿地续报了接下来的闭门会。从她身上，我看到了社群的力量、社群裂变的速度和社群闭环的价值。

社群，是新零售时代最重要的决定性变量。

即使你是流量网红，如果没有社群，很容易昙花一现。

即使你是直播达人，如果没有社群，活跃度也会令人失望。

即使你是头部讲师，如果没有社群，始终还是"钟点工"。

社群，就是这个时代的排挡。

当你只有几个粉丝，那么P档，淡泊明志。

当你有几百个粉丝，那么1档，可以起步。

当你有几千个粉丝，那么2档，进入赛道。

当你有几万个粉丝，那么3档，链接产品。

当你有几百万粉丝，那么最高档，全力以赴，你可以构建强大的商业生态。

人，是有社交属性的。

作为一个研究心理学的学者，我更关注人的内在需求。在这个时代，人工智能会越来越多地取代很多人力工作，算法和大数据对商业新模式的影响越来越大。

但人性的底层无法改变，我们需要有温度的链接。这是机器无法取代的。

这就是社群。

我开始总结社群运营的理论和实践，反过来也促动我总结和分享这些经验。

我帮助一些大品牌打造用户社群，帮助学校打造家长社群，帮助平台打造带货社群，包括很多妈妈团、美食团、社区团和各种粉丝团。

我发起并成立"24书院"，打造"学习+社交+赋能"的高端社群，帮助华为高端圈层开展各种活动，帮助很多MBA学员建立私董会。

我在实战中得出的社群运营的经验，也与很多志同道合的朋友进行了很多次分享，并最终形成了本书的基本框架。

最后特别感谢"24书院"的发起人、运营大管家悦恩诸葛二姐，她贡献了很多社群运营的实战经验。还有牛哥倪李斌，在社群的价值输出和闭环上创造了很多不可思议的成果。感谢周曾文"孝善养老"、孟洁枫"枫林美学社"、周佳"中华大健康联盟"、金信雅"雅城香慧咖啡馆"、张丁天"匠群会秘书长"。

社群的路上，我们不孤单，有很多前辈和年轻达人，给了我们启发和支持。

社群的路上，我们有收获，人际链接和项目孵化，让我们产生了更多的可能。

社群的路上，感恩有你，有人同行不孤单，怎么才能找到同频者，让自己多一个链接的机会？如果你想更多了解社群运营的实战技法，可以关注"24书院"微信公众号，在那里不仅可以找到你的同频者，还可以和作者和很多达人产生线上线下的链接，尽情展示自己。在"24 书院"公众号后台，回复关键词"社群"，可以获得"社群营销六讲"的免费课程券。

王鸥飚

2021 年 6 月

引 言

社群在距今100多万年以前就出现了,人类为了生存和对抗自然,形成了最早的群落,进行协同分工,如狩猎、农耕。

互联网本质上就是建立连接,而且正从"物以类聚",走向"人以群分"的时代。

社群的本质到底是什么?

社群在一定程度上是对互联网时代冗余信息的一种过滤。

社群是基于共同的目标、兴趣和价值观,通过一定的场景和手段连接形成的具有一定社会关系的群体。

目 录

第一章 社群无用？那是因为你不懂社群！

    第 1 节　什么是社群？ /3

    第 2 节　社群是个超级大 IP/6

    第 3 节　社群、社区、社交 /10

    第 4 节　互联网与社群经济 /13

    第 5 节　常见的社群类型 /16

    第 6 节　常见的社群思维 /21

第二章 越垂直细分的小群越活跃

    第 1 节　社群的特点：垂直与细分 /27

    第 2 节　垂直社群与各类标签 /30

    第 3 节　垂直社群：只为特定场景买单 /34

    第 4 节　以人划分的垂直社群 /38

    第 5 节　垂直社群：一场场景革命 /41

第三章　社群的三大属性

　　第 1 节　社群的工具性 /49

　　第 2 节　社群的传播性 /53

　　第 3 节　社群的连接性 /57

第四章　社群与推荐信

　　第 1 节　进社群为什么要写推荐信？/63

　　第 2 节　进社群，找谁写推荐信更靠谱 /66

　　第 3 节　如何写好一封推荐信？/70

第五章　纲举目张，定位社群

　　第 1 节　社群的定位原则 /77

　　第 2 节　社群的"共同价值观"/81

　　第 3 节　社群定位的常见方式 /85

第六章　提升社群的魅力值

　　第 1 节　"人格化"社群 /91

　　第 2 节　有趣的逻辑思维 /94

　　第 3 节　社群的多个闪光点 /97

　　第 4 节　一封温馨的邀请函 /101

　　第 5 节　一群有创意的小伙伴 /104

第七章 搜寻客群，发现利基

第1节 社群的利基：客户群体 /111

第2节 搜寻客群之"进其他群" /114

第3节 搜寻客群之"网海捞针" /118

第4节 搜寻客群之"换群共赢" /121

第5节 搜寻客群之"线下互动" /125

第八章 利基，就是培养一群铁粉

第1节 社群与铁粉 /131

第2节 各式"套路"中的诱惑点 /134

第3节 给铁粉"存在感"和"仪式感" /137

第4节 与铁粉一起成长 /140

第5节 给铁粉足够的权限和体验 /144

第6节 铁粉的"共同价值信仰" /147

第九章 亚文化也能玩出大生意

第1节 社群与亚文化 /153

第2节 亚文化社群 /156

第3节 亚文化社群的思考 /159

第4节 亚文化社群营销 /162

第5节 亚文化中的大生意 /166

第十章　意见领袖与社群

　　第1节　什么是意见领袖？/173

　　第2节　意见领袖与社群 /177

　　第3节　意见领袖养成招式 /180

　　第4节　1‰意见领袖法则 /184

　　第5节　意见领袖带来的"风口"/187

　　第6节　意见领袖：有价值的不是意见，是思维 /190

第十一章　人类对社交的需求不亚于对温饱的需求

　　第1节　社群与马斯洛需求 /197

　　第2节　抓住需求 /200

　　第3节　制造社交机会 /203

　　第4节　给予尊重 /207

　　第5节　给梦想以平台 /210

后　记

第一章
社群无用？那是因为你不懂社群！

第一章 社群无用？那是因为你不懂社群！

第1节 什么是社群？

俗话说，"物以类聚，人以群分"。人是一种社群动物，不可能以"个体"形式存在，或者说，人人都需要"抱团取暖"。

有一个原始人迷失在森林里，由于自己力量有限，无法获得足够的食物。几天之后，这个原始人便饿得头昏眼花。没想到，他获救了，救他的是另外一群原始人。这群原始人对他很好，给他食物，并且为他缝制了衣服。没过几天，原始人就恢复了健康和体能。作为"救命回报"，他将自己掌握的"钻木取火"和"保存火种"的技能传授给原始部落。原始部落的长老对他说："这个丛林太过凶险，一个人是无法应对的，倒不如留下来！"经过深思熟虑，原始人决定留下来。后来，这个原始人一直生活在这个部落，并且成长为一名优秀的猎人。原始部落，就是人类最初的社群形态。

社群是"互联网概念"吗？我认为，它不应是一个互联网概念，它是随着人类的诞生而随之诞生的事物。当然，社群有"广义的概念"，也有"狭义的概念"。广义的概念是，社群特指某个区域或者边界之内的社会关系的总和。相对于整个人类，也可以把同一民族体系构成的国家当作是一个社群，在这样的社群中，一切与国家、民族命运相关的活动，都是社群活动。社群并不是一个具体的概念，它十分抽象，但是社群也具有一些明显的特征。

一、稳定的结构

这个结构有性别结构，也有年龄结构，有伦理结构，也有与之相关的功能结构。如果没有稳定的结构，社群也就无法形成，继而就会解体。

二、统一的群体意识

什么是群体意识？百度百科给出的定义是："群体意识是由群体内部共同的活动内容和形式所形成的群体成员共有的心理特征。群体意识包括群体兴趣、群体需要、群体规范、群体价值观、群体舆论、群体目标指向等。群体成员意识到自己对群体的从属关系，首先是通过接受这些特征，即意识到自己同该群体其他成员具有某种心理共性的事实来实现的。"拥有群体意识的社群，才有组织力、向心力、凝聚力，才能让社群长期生存下去。著名的社会学家赖特·米尔斯认为，群体意识的形成要有三个条件，即自觉了解与"我"相关的群体利益，拒绝另一群体利益，以集体手段实现群体利益目标。不同的社群，有不同的"群体意识"。或者说，"群体意识"决定社群的发展命运。

三、一致的行为关系

社群中的每一个人都有相对统一的行为活动，并且在活动过程中相互交流和沟通，构建起一个稳定的社群关系网络。与此同时，社群中的每个人分工明确，担任不同的角色，从事与社群相关的不同工作，如某旅游社群，有人负责旅游线路开发，有人负责车辆，有人负责导游，有人负责保险和其他相关事宜。

四、"利益攸关"的群体

社群中的人有着相同的指向，继而走到了一起，形成了社群。有一些"登山社群"，是登山家和登山爱好者的乐园，定期组织与登山相关的活动，如登顶珠峰等，以此实现社群的目标和社群成员的梦想。

随着时代的发展以及科技的进步，人们对社群的理解更加社会化、商业化，并对社群进行了二次定义。比如著名的"豆瓣社区"，社区里有许多兴趣化、标签化的群体，这些群体也是社群。如今，年轻人都在使用QQ或者微信，也会加入一些自己感兴趣的QQ群或者微信群，不仅能够认识一些志同道合的朋友，还可以在"兴趣圈"里发展自己的人脉，甚至经营自己的事业。也有人说："我们不能简单地把微信群看作是'社群',社群还要有统一的价值观、强烈的身份认同以及归属感,甚至具有一种'家'的氛围。"当然,这样的"定义"和"解释"仍旧是抽象的。但是,人们已经逐渐认识到了社群,并能说出社群的某一种定义。

小米科技创始人雷军是一个玩社群的天才,他打造的千亿小米帝国就是源于自己的"小米社群"。在这个社群里,有数以千万计的"米粉",这些"米粉"不仅购买小米科技的产品,而且还参与到小米科技产品的"设计环节"之中。雷军有句略显矫情的话:"看不懂的人以为我们是手机公司,稍微懂一些的人以为我们是一家移动互联网公司。其实都不是,我们是一家品牌公司、文化公司。"换言之,只有具有"文化气息"和"信仰逻辑"的社群,才能产生强大的凝聚力和社会效应。社群是"标签化"的社群,是真正的"人以群分"的社群,极具"垂直"的特点。如今,全国上下有各式各样的社群,如商业社群、亲子社群、健康社群、金融社群、投资社群、校友社群、企业社群等。社群是社会的细胞,社群组成了社会。

第 2 节 社群是个超级大 IP

如今,人们一听到社群这两个字,就会马上联想到流量。当今时代是一个"流量为王"的时代,人们进入社群,或者建造属于自己的社群，其目的在于引流。流量等同于金钱，流量越大，商业价值越高。革新派网络营销专家李剑豪认为："社群，就是由于某个共同点而聚在一起的人群。从我们今天提到的出卖公式——出卖 = 流量 × 转化率 × 客单价——的角度来看，由于这个共同点，社群就是自带高转化率的流量。社群经济，就是依据这个共同点，构建一个高频交互的人群，然后向这个人群出卖高度符合他们共同点的产品，以获得极高出卖转化率的一种经济活动。"打造社群，既可以实现一个人的兴趣爱好与精神价值需求，还可以帮助一个人创造商业价值，甚至打造大 IP。

什么是"大 IP"呢？IP 容易理解，就是一个"地址符号"，但"大 IP"是商业价值、品牌价值巨大的 IP。简书有一篇名为《最近流行的"大 IP"到底是什么鬼》的文章，里面写道："IP 的强大之处在于，一旦接触到对其世界观、价值观相近的受众群体便会迅速凝聚、发展成一种文化。这种文化，会不断进步、发展和传承。过去，强大的 IP 更多地存在于书籍、影视中，是一个半开放的群体。但随着互联网这一平台的出现，便能够迅速将不同的文化整合在一起，组成一个 IP 的大综合体平台。"大 IP 并不是一个符号，而是一个 IP 综合体。社群是什么呢？社群是不是与 IP 综合体有相似之处呢？

作家南派三叔的小说《盗墓笔记》是商业大 IP，也是著名的商业案例。除此之外，南派三叔还借着"盗墓笔记"

这块金字招牌打造了"盗墓系"的垂直粉丝群和社区。只要人们提到"盗墓"二字，几乎就会想到南派三叔的《盗墓笔记》和天下霸唱的《鬼吹灯》。"盗墓笔记"四个字已经IP化，在中国社会形成了独特的"盗墓文化"。由于《盗墓笔记》的铁粉和拥趸众多，南派三叔构建的社群越来越大，产生的流量越来越多。与《盗墓笔记》相关的电视剧、电影，动辄数十亿的播放次数，产生了大IP效应。换言之，盗墓笔记社群就是一个商业价值巨大的IP综合体。

社群与大IP存在怎样的直接关联呢？许多年轻人搭建微信社群，如旅行微信社群，将喜欢旅行的人拉进群里，定期发起与旅游相关的讨论，引发群用户的兴趣，让群用户参与社群互动和社群建设；定期分享与旅行相关的信息，邀请更多用户分享。久而久之，社群就会变得热闹。有一位社群管理者说："打造社群，就需要形成一种'共同价值观'。只有在建立'共同价值观'的基础之上，社群才能产生IP效应。"IP效应是一种"结果"，引发"结果"的原因是科学地、正确地建造符合用户价值和习惯的社群，定期分享与投入，为用户画像，为用户划标签，对用户进行"层层"分类，甚至还要定期留一点"悬念"。俗话说，"悬念引发人们的好奇心，引导人们进一步关注"。做大IP，就是提升社群的商业价值和品牌价值，留住铁粉。

如今，许多年轻人进军新媒体行业，摇身一变成为某部影视剧的导演。因此，我们也能看到许多新媒体导演打造的"微剧社群"。"娱乐资本论"平台有一篇名为《微短剧不只要激活 IP，还能自己打造 IP》的文章，其中兔狲文化运营者邱其虎说："微短剧在网生内容生态中的独特位置让我觉得很有趣。首选是对 IP 的激活，我看到不少网文内容改编成了微短剧，在快手重新拥有了生命力。我们给知乎做的《深夜惊奇》其实也有这样的思路，针对本身存在的一些高赞回答进行再创作。还有对动漫真人化的产业链条，微短剧也是能够补齐的，比如《通灵妃》。除了激活 IP 之外，微短剧自己本身是能够打造 IP 的，因为不管长内容还是短内容，好的内容本身对用户认知的占领，其实是相近的。"微短剧是一个新生事物，也是依靠"网络资源"出现的事物。互联网时代的最大特点就是流量，提升微短剧的流量，等同于打造微短剧 IP。与此同时，微短剧的运营官要竭尽所能地让更多的观众看到这个作品，并且持续关注这个微短剧或者制作团队，把这些观众培养成粉丝，继而产生粉丝流量和粉丝经济。在这种情况下，社群就产生了。

最初的流量型社群，就是著名歌星的歌迷俱乐部，歌迷是忠实的粉丝，是演唱会门票的主要贡献者，也是歌星人气的免费推广大使，在传播歌星知名度的前提下，提升了歌星社会地位。"歌星"以及"歌星光环"产生的社会影响力就是大 IP。所以说，社群等同于大 IP，或者说，社群与大 IP 是"同一根绳上的蚂蚱"，彼此分不开。

第3节　社群、社区、社交

正如前文所述，社群是一个新生的古老概念。所谓新概念，即社群是互联网时代的标志之一，也是互联网催生出来的新事物，是一个典型的互联网名词；所谓古老，它自人类的原始时代就已经形成了。与社群有着深刻关系的，还有社区、社交两个概念。

一、社区

什么是社区呢？简单说，社区就是群众基础机构。百度百科给出的定义是："社区是若干社会群体或社会组织聚集在某一个领域里所形成的一个生活上相互关联的大集体，是社会有机体最基本的内容，是宏观社会的缩影。社会学家给社区下出的定义有140多种。社区是具有某种互动关系和共同文化维系力，在一定领域内相互关联的人群形成的共同体及其活动区域。"社区较社群而言，它是一个"宏观"的东西，宏大而全面。在一个大的社区里面，可能分布着各种各样的社群，诸多社群组成了一个功能全面、具有宏观属性的"大集体"。社区都有哪些特点呢？

第一，社区拥有一个特定的区域。

第二，社区是一个人口集团。

第三，社区居民之间有着相对稳定的共同习俗，并且能够形成一种统一的文化，产生一种隐形的"社区凝聚力"。

第四，社区通常有共同的活动场所和服务中心，如某社区有公共活动中心，也有超市、幼儿园等服务性机构。

第五，社区有自己的制度和管理部门。

第六，社区拥有独立自主的生态环境。

社区有大有小，也有现实社区和虚拟社区。如今，人们喜欢上网聊天，或者参与一些共同活动，可能会选择猫扑、天涯、豆瓣等虚拟社区。这些社区具有社群的特点，却拥有比社群更加完善的功能和体系。除此之外，社区还有四大元素，即人、地理边界、社会互动、社区认同。

人：无论社区，还是社群，都离不开人，人不仅是社区的基本单位，也是社群的基本单位。一个社区应该拥有多少人呢？目前还没有一个严格的划分标准。

地理边界：一个国家有自己的疆土边界，社区也是如此。如城市内的居民社区，都有严格的区域划分，并由相关机构对社区进行管理。

社会互动：社区是一个"功能"区，沟通是在人与人之间、人与组织之间、组织与组织之间的"互动"中完善并完成的。

社区认同：社区认同就是一种归属感和认同感，许多社区都有自己的独特文化，这些文化也会引发认同效应。

二、社交

社区是人组成的，一个社区里面包含着很多人以及以标签为单位的社群。换言之，社区是由人形成的诸多社群和社群之外的其他自然人构成的功能完善的区域。但是，社区的形成离不开社会互动，社会互动是"人的社交"的具体表现之一。因此，社区、社群、社交存在着紧密的关系。社交也是社群形成的基础，如果没有人与人之间的社交关系，也就无法形成社群。什么是社交呢？它的定义是什么？

社交，就是社会交往。百度百科给出的定义源于马克思交往理论，"指在一定的历史条件下，个体之间相互往来，进行物质、精神交流的社会活动。从不同的角度，把社会交往划分为个体交往与群体交往，直接交往与间接交往，竞争、合作、冲突、调适等"。社交是人的一种需求，也是一种动物的本质体现。社交不仅能够满足人的需求，帮助人成长，而且社交还是一种文化传播方式，没有社交，也就没有"传播"。因此，社交有三大功能。

第一，帮助人成长，提高人的生产效率，促进社会生产力，改善社会生存环境。

第二，促进文化交流与发展。

第三，完善社会功能，为人提供有力的社会保障。

随着时代的发展，人与人的交往方式有了较大的变化，古人采用的"飞鸽传书"早已经被"线上社交"所取代。随着社群的出现，还诞生了一个新名词——社群社交。百度百科这样介绍社群社交的产生背景:"随着Facebook、微信、QQ等社交媒体平台的流行,在国内,微博、微信、陌陌、豆瓣、六度蜂窝等基于不同维度而形成的社群媒体也成为生活中必不可少的重要组成部分。它们不只是聊天、娱乐、打发时间的工具。事实上,社群媒体已经彻底颠覆商业与消费行为。即时通信功能让成千上万人彼此相连,不仅影响人们的社交生活,也促成了庞大的社会经济转变,基于社群社交的社群经济时代已经来临,这将彻底改变消费者与企业之间的沟通与互动模式。"

社群、社区、社交是三个不同的名词,也是人们生活中离不开的名词,三者之间存在密不可分的关系,社群是"人"的社群,社区由"人"构成,社群的形成需要"社交",社区的完善需要"社交",社区内可能包含了无数社群,社区内的社群让社区的功能更加完善,让人的幸福生活指数更高,甚至带动社区经济,改变整个社会。

第4节 互联网与社群经济

互联网催生出社群,社群也是一个互联网名词。没有互联网,社群也就无法从古老的概念里蜕变。国务院发展研究中心信息专栏作家卢彦发表了一篇名为《"互联网+"最可行的路径就是"社群+"》的文章，文章写道："对于大多数企业而言'互联网+'的口号喊了一年，但依然举步维艰。既然如此，我们不妨回到原点看一下，互联网的本质是连接，连接对于企业意味着什么？我认为'互联网+'最有效、最可行的路径就是'社群+'。中欧商学院的李善友老师认为进入'互联网+'时代，更应该是事物之间的连接，而不是事物本身……一群人聚集起来可能是乌合之众，也可能成就一番宏图大业，最重要的是和什么人一起干什么。克莱·舍基在《人人时代》中认为社群的基础有三个，即共同的目标、高效率的协同工具及一致行动。有了共同的目标和高效的协同工具，成员间开展一致的行动就变得相对容易，从而也能促进社群的稳定性，增强社群成员间的团结协作。人类学家拉尔夫·林顿认为强有力的部落群体必须具备三个特征——相似的文化、频繁的互动以及共同的利益。"

互联网提供了社交平台，社交平台就是互联网社群成长的地方。有人曾经问："经济是如何产生的？"经济产生的基础是需求，需求人人都有，只要有人聚集的地方，就会产生经济。如今，许多年轻人从事微商活动，并且拥有自己的代理群和营销群。所谓代理群，就是微商的招商代理群，将各地有意向的代理商和潜在代理商集中在一个微信群，然后开展招商代理活动。每一个代理商还有自己的分销商和客户，然后再形成"分销群"和"客户群"。所谓营销群，既有代理批发群，还有终端零售群。终端零售群就是直接进行网络营销活动的社群，这样的社群比比皆是。

除了纯粹意义的营销经营活动外，还有许多人通过微信、QQ等社交软件搭建自己的"兴趣群"，将"志趣相投"的朋友聚集在一起，开展线上或线下活动，继而获得经济利益。

互联网催生了社群，社群经济也因此诞生。众所周知，许多年轻人从事与互联网社群相关的工作，如社群电商。社群电商不同于传统电商，它是基于社群而产生的。如果一名电商构建了以客户为中心的社群，社群不仅是电商的营销场所，还是电商的客情关系维护场所和服务体验场所。电商通过社群的形式去沉淀客户，然后对社群进行优化管理，为客户提供有针对性的、个性化的服务。客户的忠诚度提高了，也就达到了电商营销客户的终极目的。社群电商离不开"电商"，也离不开与之相关的社交工具。有了社群电商和社群消费者，社群经济也就出现了。换言之，互联网催生了社群经济，社群经济也是互联网经济中的重要组成部分。

我们应该如何定义社群经济呢？百度百科给出了这样的定义："社群经济是指在互联网时代，一群有共同兴趣、认知、价值观的用户抱成团，发生群蜂效应，在一起互动、交流、协作、感染，对产品品牌本身产生反哺的价值关系。这种建立在产品与粉丝群体之间的情感信任+价值反哺，共同作用形成的自运转、自循环的范围经济系统。产品与消费者之间不再是单纯功能上的连接，消费者开始在意附着在产品功能之上的诸如口碑、文化、格调、魅力、人格等灵魂性的东西，从而建立情感上的无缝信任。"在这个定义中，我们也能看到社群经济的几个"关键字"，即用户抱团、互动协作、价值反哺。

一、用户抱团

单个用户的力量是有限的，许多用户搭建用户社群，就是为了解决用户的需求和相关问题。对于商家而言，抱团的用户不仅可以给商家提供大量的意见，而且还可以给商家带来不断改进的空间，提升服务能力和营销能力。

二、互动协作

互动协作是老生常谈的，只有形成互动，才能产生效益；没有互动协作，经济是难以扩大规模的。

三、价值反哺

所谓"反哺"，就是满足对方需求，最后也将得到对方的回报。价值反哺就是这个意思！

如果社群经济同时具备了用户抱团、互动协作、价值反哺三要素，就会焕发强大的生命力。

第5节　常见的社群类型

对于人们而言，社群有着非常重要的作用。人是群居动物，无法进行离群索居的生活。人在社群中生活，也就会带有社群的属性。与此同时，社群还是人们的工具和载体。一个年轻人的生活离不开各种社群，工作有工作的社群，技能提升有培训的社群，朋友交往有朋友社群，打游戏还有游戏社群，旅行有旅行社群……不仅年轻人离不开社群，上了年纪的人也离不开社群。许多老年人喜欢在公园里打八段锦，他们也有关于八段锦的交流社群。社群不仅给人们提供了交流机会，而且还会定期组织活动，并邀请社群成员共同参加。前段时间比较火爆的夸夸群，就是一群需要给予精神鼓励的人创建的，旨在给紧张生活中的年轻人提供一次放松的机会。总之，人们离不开社群，社群给人们提供了平台。社群类型繁多，通常有六种社群，即消费型社群、成长型社群、盈利型社群、品牌型社群、行业型社群、兴趣型社群。下面，我们就结合年轻白领王萌的现实生活，逐一对不同类型的社群进行简要分析。

一、消费型社群

年轻白领王萌也是当今时代年轻购物主力军的典型代表，她喜欢购物，总是买许多东西。为了买到划算且高品质的东西，她加入了不少消费型社群，如"唯品会购物券社群"等。在这样的社群里，许多人在里面领券再进行消费。除了唯品会折扣群之外，王萌还喜欢喝咖啡。因此，她还加入了"瑞幸咖啡门店群"，经常在群里查看店内新品，或者参加瑞幸咖啡门店的赠送活动。总之，王萌离不开这些社群，领折扣券、购买折扣商品、省钱，是王萌进消费型社群的主要目的。

消费型社群是以"消费者"为主的成员，他们进群的目的与王萌一样，主要是为了购买折扣商品。这样的社群虽然不是"聊天活跃群"，却能产生巨大的商业效应。

二、成长型社群

成长型社群就是帮助人们成长的社群。

王萌是公司白领，从事HR管理工作。为了不断提升自己的竞争力和工作能力，她还在不断学习，考取各种与HR管理相关的资格证书。为了提升自己的本领，她还加入了许多与职业技能提升相关的社群。

成长型社群通常有以下几个特点：

第一，话题讨论。话题讨论的目的在于提升话题的参与性，锻炼人的交际能力和交流能力，并在讨论中获得有价值的信息。

第二，案例解析。许多成长群的群主是培训师或者老师，他们经常在社群里进行案例讲解与分析，提供现场教学方案。

第三，嘉宾分享。许多社群经常定期邀请行业内的翘楚为社群内的群成员讲课，或者分享自己的见解，让群成员受益。

第四，组织活动。几乎所有的成长型社群都会组织各种与"提升"和"成长"相关的活动，如培训、拓展、沙龙、读书等。

三、盈利型社群

盈利型社群更加"直接"。换言之，盈利型社群，就是一个提供"赚钱机会"的社群。

对于年轻白领王萌而言，她不满足于一份工作的收入，还需要多赚钱，为自己的"消费"买单。因此，她加入了不少盈利型的"渠道"群。王萌在渠道群里面结识了不少微商源头用户，然后利用闲暇时光从事微商代理。如今，王萌每个月微商代理的收入就能满足其日常生活开销。

换句话说，盈利型社群给许多想要赚钱的人提供了信息和渠道。

四、品牌型社群

品牌型社群，就是与"品牌"相关的社群，比较有代表性的就是小米社区。小米社区就是"米粉"的乐园，喜欢小米品牌的用户在小米社区内分享心得，参与小米新产品的体验活动。对于小米科技公司而言，需要持续不断地满足米粉们的需求，提升他们的体验，以此增加客户黏性。

五、行业型社群

当今时代仍旧是一个垂直时代,各行各业都有明确的分工,美容行业有自己的社群,美术行业也有自己的社群。

女白领王萌虽然从事HR工作,但是所在公司属于科技企业,该企业的许多员工都加入了相关的科技社群。行业型社群能够提供许多行业信息以及相关的"干货技术",对某个行业内的从业者有较大的帮助。

六、兴趣型社群

对于女白领王萌而言,她的兴趣爱好比较广泛,她加入了许多与自己兴趣爱好相关的社群,如茶艺社群、电影社群、油画社群、夜跑社群、旅游社群等,这些社群可以满足王萌"个人兴趣"方面的需要。

兴趣社群是以兴趣为基础搭建起来的社群,社群里的人比较容易找到共鸣,继而获得认同感。

当然,社群的类型远远不止以上六种,还可以有更加详细的划分,如工具型社群、渠道型社群、知识型社群、产品型社群、体验型社群等。

第 6 节　常见的社群思维

社群不仅是一个概念，还是一种思维、一种载体。许多人在追逐梦想时，需要不断获取精神支持和物质支持。在这样的情况下，人们就需要打造一个梦想平台，或者梦想的载体，这个载体可以是社群。比如，一个热爱登山的人想要攀登高山、征服从未征服过的高度，就需要一些条件，如队员、设备、资金等。如果登山家拥有自己的登山社群，就可以招募队员，还可以寻找赞助合作，继而实现自己的梦想。与登山相关的社群也有很多，比较有名的有 8624 论坛等。

社群还是一种文化，即社群文化。FM 主持人暮音撰写了一篇名为《从古至今，人类热衷于社群的建立，对于社群文化你知道多少？》的文章。文章中写道："如今的时代，已不能用百鸟争鸣来形容文化的多样性，创新文化、碰撞新文化的花火，才是主流文化的形式，每一个人都可以自带流量，用自己的创意来带动文化，用自己的创意找到志同道合的社群，共同发展这一兴趣爱好。就像口号中说得一样——你就是你自己的潮流……利用社群文化的扩展应用和个人的独特创意来聚集粉丝，进而形成社群的流动再创意的过程，是每一个人都可以去探寻的路,我们需要被认可和被接纳的感觉,这是人类群居遗留下来的族群特性。"换言之,一个拥有社群文化的社群,才是真正的社群。否则,社群仅仅是一个"聊天部落"而已,这就失去了社群的功能。

如今,人们打造社群,加入社群,创新社群文化,营造社群氛围,甚至从社群中获取有利于自己的资源,发展自己,继而实现梦想。在互联网时代的大潮下,社群的出现和发展,也在冥冥中产生了一种思维性东西,这就是我们本节的内容——社群思维。中青创投董事长、西海社群创始人付岩在《社群思维》一书中这样解释社群思维:"社群思维是人性化生存法则,是一种关乎生存、关于价值观的思维方式,它强调社群对于个人和企业的重要性。"

有人说,社群思维是一种圈子思维。在我看来,单纯用圈子思维来诠释和概括社群思维是不准确的。虽然,社群是一个"圈子",但是"圈子"并不能解决问题,甚至也不能构成一种思维。社群思维是一种复合型思维方式,它包括了圈子思维、用户思维在内的多种思维,具体表现在以下几方面。

一、圈子思维

圈子思维是社群思维中的一个环节。有一句话是这样说的:"你跟谁在一起,很重要。"如果你的身边拥有一群"牛人",自己也将会受其影响,甚至会变得越来越牛;如果你的身边只是一群普通人,甚至连圈子都没有,那可能就会遭遇麻烦……因为没有一个人可以离群索居般地独自面对生活。当人们翻开诸多成功者的字典，我们发现成功不是靠几句时髦的"鸡汤"，也不是完全靠辛勤的汗水，还要靠身边人的指导和帮助，也就是人脉资源。圈子思维，就是让每个人意识到圈子的重要性，社群就是一个人脉圈，社群越大，人脉圈越广，获取资源的渠道也就越多，解决问题的方式也就越灵活。

二、用户思维

用户思维也是常见的社群思维的一种。前面我们讲到社群的分类，其中有纯粹与商业相关的社群，社群成员不一定是好友，而仅仅只是用户。什么是用户思维呢？简单说，用户思维就是以用户为中心，站在用户的角度去思考问题，并且深度解决用户的需求。就像亚马逊创始人杰夫·贝佐斯所言："在现实世界，如果你惹顾客不高兴，每个顾客都会告诉六位朋友；在互联网时代，如果你惹顾客不高兴，每个顾客都会告诉6000个人。"拥有了用户思维的人，才能解决社群的建设问题，或者才能玩转社群。

三、流量思维

前面我们讲到大IP与社群的关系。在一个流量为王的时代，没有流量思维，也就无法运营好社群。什么是流量思维呢？举个简单例子，一个网站需要通过广告的阅读量和点击量才能产生收益，流量越大，收益也就越高，网站运营商就需要想尽一切办法提升网站流量。事实上，提升流量并不是一件容易的事情，它需要运营商做许多工作，如加大宣传、提升内容品质、打造文化等，以此吸引流量。关于"流量"的话题，我们将在后面章节进行详细讲解。

诚然，社群思维是一种解决问题的思维，也是一种底层的商业逻辑思维，但是它比传统的思维方式更加"受用"，并且更符合互联网时代的特点。如果运营商能够运营好圈子、提升流量、服务好客户，就能在社群时代做出成绩。

第二章
越垂直细分的小群越活跃

第 1 节 社群的特点：垂直与细分

著名财经作家吴晓波针对社群说过这样一番话："社群是一种基于互联网的新型人际关系。在我们的真实生活中，孩子们愿意天天在广场上撒野，成年人则希望找到有同类的角落。这是互联网社群得以存在的理由。一个人可能生活在不同的社群里，喜欢财经的人在一个社群，喜欢高尔夫的人在一个社群，喜欢旅行的人在一个社群，每年有一百万净资产可以投资的人在一个社群。一个人会有很多爱好、身份和标识，他可能生活在很多的社群里，但在同一个社群里的人们的价值观和审美观一定是相同的。社群是一种基于互联网的新型人际关系，能够将人从广场上拉到社群里的，只有内容，互联网只是提供了一个手段。因此，社群的红利属于内容提供者，而非连接者。"就像上一章中所讲，社群思维是一种圈子思维、用户思维、流量思维等。这些"思维方式"都是商业逻辑的底层思维模式，绝不是"高级"的商业逻辑思维。自社群出现之后，人们仿佛如梦初醒般地认识社群、感受社群、纷纷走近社群，甚至打造、建设自己的社群。如今，社群已经完全焕发了其生命力，当今时代似乎已经进入了社群时代。互联网技术乃至区块链技术的发展，也给社群带来了巨大的帮助。社群不仅能够发挥自己的优势、放大自己的优势，甚至还能体现其重要意义。马化腾是社群的鼻祖式人物，腾讯旗下的两款社交软件QQ和微信，都已经成为中国社群的"集散地"。马化腾深谙"社群之道"，并且说过这样一番话："我们与合作伙伴共建的新生态正从'一棵大树'成长为'一片森林'。未来，我们的新生态将生长出许多的垂直细分生态，每个合作伙伴之间可以开放分享、自由连接，而支持合作伙伴发展的生态基础设施正在迭代。"马化腾是社群服务提供商，也是当前中国最懂得社群和社群经济的领军人物。马化腾的这段话点出了社群的几个核心关键点，即垂直、细分、开放、分享、自由连接。开放、分享、自由连接是互联网自有的特点，而"互联网+"的所有领域，几乎都具有这些特点。但是，社群还有社群自己的特点，即垂直、细分。有人问："难道社群只有垂直社群，就没有泛内容社群吗？"关于这个问题，我们需要结合社群的特点进行分析。

一、垂直

什么是垂直？垂直原本是一个数学概念。但是时代在变，垂直也逐渐演变为"经济学概念"。最早将其应用于经济学的概念源于"垂直网站"，即集中力量在某个专业领域内从事深度开发与管理工作的行为。垂直，还可以简单理解为专业人做专业事。"顾老板说社群"平台的作者顾老板曾经这样解读垂直社群与泛内容社群的区别，他说："如何区别这两种社群呢，其实很容易。泛内容社群一般指的是娱乐八卦等内容。内容虽然也足够优质，但是从维度这个层面来说是不够的，比如发出一条新信息，往往这些信息是比较吸引成员的，但是信息的发布者不够专业，没有持续深挖这一条信息背后的逻辑和原理，只是博人眼球。而垂直社群就比较专业了，比如行业细分领域，甚至细分到某一岗位，例如程序员、工程师，还有其他精准细分的垂直领域，这类社群最大的特点就是所分享的内容足够精细化、深度化，分享者也愿意和社群内部成员研究信息背后的逻辑和原理，并能以字面的形式很好地做一个总结。"

垂直体现了社群的专业，只有垂直社群才能为社群成员提供有价值的信息和资源，才能引发互动，才能制造流量。泛内容社群没有明确的定位，也没有专业而科学的内容输出。这样的社群，将会逐渐沦为聊天社区，失去建立社群的意义。垂直意味着在某个领域内的深挖。在一个标签专业化的社会中，只有垂直才能更加吸引人。专业的母婴社群吸引宝妈群体，专业的旅游社群吸引广大旅游爱好者，专业的金融理财社群吸引广大的民间投资者。

二、细分

当今时代是一个细分的时代，管理细分、营销细分、服务细分……细分已经体现在当今社会的各行各业。企业的管理、营销、服务、售后、公关都需要细分，社群同样需要细分。

垂直与细分是社群的两大特点，只有垂直细分的社群，才能保持其个性，才能吸引对标签领域感兴趣的人，才能在某个领域内做出成绩。

第2节　垂直社群与各类标签

垂直意味着专业、专注，垂直还是一个区域内的专家，能够解决深度需求的问题。

有这样一个案例，有一位安徽茶农叫王珂，大学毕业在上海工作多年，后来带着资金和管理经验回到安徽老家包山种茶，都市白领摇身一变成为茶农。对于这个身份的转变，王珂说："茶是我的灵魂，出生在茶农世家，总觉得应该为'茶'做点什么。"因为对茶的这份热爱，王珂深入研究茶，考取了高级茶艺师和高级评茶师，晋升为茶界的专家。

为了推广茶文化，他打造了茶文化社群，社群会员超过5000人。茶文化社群都是一些爱茶之人，他们喜欢喝茶，也喜欢研究与茶相关的文化，参与与茶相关的活动。与此同时，王珂经常举办线下活动，活动主要有三个方面。

一是品茶活动。

每年茶园下来新茶，王珂都会组织各种品茶活动，邀请社群会员参加新茶品饮。新茶品饮的茶品均来自王珂的自家茶园，茶品分级，价格也分级，高中低档次都有。现场品饮，也可以现场购买。活动组织了几年，效果非常好，销量堪比"展销会"。

二是雅集活动。

如今，许多茶人都经常组织雅集活动。所谓雅集活动，就是与茶道、禅道、香道、国画、民乐等相关的茶文化活动，这类活动非常典雅，深受许多年轻人的喜欢。参加雅集活动，不仅可以深度体验茶文化，而且还能"悟道"。王珂的雅集活动几乎每周都有，喜欢雅集活动的茶文化爱好者报名人数越来越多，王珂的茶文化社群的人气也越来越旺。

三是促销活动。

随着王珂的茶文化社群越来越大，IP流量越来越大，王珂就开启了"人脉圈"的经营。王珂的茶叶品质好，但是价格却十分有竞争力，而且各个门店的服务体验也很好，许多顾客购买过一次，还会继续购买……久而久之，王珂的茶生意越做越大，社群也是越做越大。

如今，王珂依靠以上三项活动，每年销售茶叶的金额高达千万元。与此同时，王珂还打造了"专业茶社群"，邀请全国各地同行业茶人进入他的新社群，社群成员每天都在分享自己的渠道和信息，提供有价值的商业服务和与之相关的推广服务。

由此可见，王珂的社群生意经是符合商业逻辑的，并证明了这样一个道理：打造垂直社群，就能创造商业奇迹。

垂直社群是时代发展的必然产物，它体现了专业细分和人员细分，还有三大属性的体现，即稀缺性、差异性、专属性。

一、稀缺性

俗话说，"物以稀为贵"。在一个"泛化"的世界里，人们都在追求不一样的东西，即稀缺的东西。垂直，意味着某个领域内的专家，而真正专家的数量是稀缺的。如果垂直是泛化的，这样的垂直就没有价值。小米科技曾经采取的"饥饿营销"将这种稀缺性推到了高潮，让许多年轻人积极参与并采购。

二、差异性

如果所有的东西都是一样的，还需要挑选吗？当今时代是一个细分的时代，也是一个差异化较大的时代。社群体现出这种差异性，才能在竞争激烈的洪流中生存下来，反之亦然。换言之，社群的垂直程度越高，个性也就越强，也就越有市场竞争力。

三、专属性

人人都喜欢"限量定制"的生活，都希望自己是被特殊照顾的那一个，并且能够从某种"专属"中获得优越感。因此，垂直社群出现了。一个垂直社群，不仅可以满足社群成员的需求，还能给社群成员提供具有"专属特质"的服务和产品，让社群成员获得某种优越感。

垂直社群的稀缺性、差异性、专属性，是时代"倒逼"的结果，也是一种优胜劣汰后的结果，更是一种标签化的结果。当今时代是一个人人贴标签的时代，在我的微信朋友圈里，几乎人人都在给自己贴标签。

王太太（微信化名），家庭主妇，同时她还给自己贴了这样几个标签：高学历宝妈、资深 SOHO 文案创作者、精致私厨达人。

陈经理（微信化名），资深企业管理人员，同时他也为自己贴了这样几个标签：HR 管理师、TTT 培训师、管理专栏作家、FM 主播。

徐静怡（微信化名），专业英语八级，同时她也为自己贴了许多标签：财经分析师、钢琴八级、星海钢琴店店长、烘焙师、宝妈。

人们为什么给自己贴标签呢？上面这位王太太说："一方面，我要让朋友圈的朋友知道我会什么，我的特长是什么，我的圈子在哪儿；另一方面，表明了我的层次以及我致力的方向。"在一个人人给自己贴标签的时代下，社群也因"标签"而细分，并在细分的基础下垂直。百度平台"华哥说社群"的作者华哥有一篇名为《社群是方向，垂直社群是重点》的文章写道："小众和个性化体验在社群里更多的还是依赖社群群主的IP属性和社群亚文化的养成，当我们能充分地聚焦垂直的时候，个性和深度体验其实就已经形成了！当下每个人都要给自己一个定位，必须拥有一个社群或融入一个社群，这是未来必须要面对的一个趋势。"这句话，也基本说明了社群为什么要垂直，为什么要贴标签。

第3节 垂直社群：只为特定场景买单

垂直意味着专业，还意味着某个社群的拥有者能够在某个特定区域内实现场景的构架、需求的深度挖掘和服务体验的持续性输出。甚至有这样一句话——越垂直，场景越真实。

孙秀云是一位户外探险爱好者，经常参加各种各样的户外运动。后来，孙秀云因"工作变动"而选择了辞职，并且经营了一家户外用品店。为了营销户外用品，推广户外运动，孙秀云从创建"兴趣小组"开始踏上了打造垂直社群之路。她介绍道："最初，我的兴趣小组只有五个人，并且是长久以来的好友。后来，朋友介绍朋友，并且在各个网站、社区进行推广之后，兴趣小组从原来的五个人，迅速扩展到了70人。"兴趣小组就是孙秀云户外社群的雏形，他们经常组织户外活动，个别的户外用品也由孙秀云赞助。

后来，孙秀云的兴趣小组已经不满足于省内徒步线路的探险，还将视野放到了其他省和国外。有一年，孙秀云探险团队徒步尼泊尔安娜普尔纳大环线和珠峰ABC大环线，徒步时间超过一个月，并且拍摄了大量徒步视频和徒步照片，将美丽而狂野的尼泊尔搬到了兴趣小组的公众号上，引起了巨大反响。孙秀云以此为契机进行"借力"，成功吸引了两万用户。此时，孙秀云的公众平台已经成为众多户外爱好者关注并进行留言探讨的地方。

孙秀云创建了10个500人的户外微信群，每个微信群都有管理者，定时分享户外探险的照片和视频，并组织线下活动。孙秀云的第一个线下活动是"入门级"的经典徒步——徒步墨脱。这次活动很成功，孙秀云成功吸纳了众多会员。如今，孙秀云团队开发了徒步珠峰、徒步狼塔、穿越东念青等路线，深受众多资深"驴友"的欢迎。当然，孙秀云的社群也越来越多，尤其孙秀云的户外用品店的生意也越来越好，甚至还为自己的团队拉到了世界知名户外用品品牌的赞助。就像一位孙秀云户外俱乐部的资深会员所说："这家俱乐部可以满足我的全部需求，甚至还可以满足我们对于户外事业的'想象'，也有许多年轻人开始从事这方面的工作，考取向导证书，向自己的梦想前进。"换言之，孙秀云通过垂直社群搭建了属于自己的事业平台，这个平台绝不是虚拟平台，而是一个比现实场景更为真实的现实平台。

垂直社群，只为现实场景买单……这不是一句空话，而是许多人都在尝试的做法。

著名的母婴网站三优亲子网也是这样的一个"社群＋场景＋商业"的成功案例。三优亲子网的"垂直战略"非常深入人心，许多宝妈都能从这个"社群帝国"中找到自己需要的东西。那么，三优亲子网是如何构建垂直社群的呢？

一是打造论坛。

三优亲子网旗下几乎每个省都有妈妈论坛，宝妈可以在妈妈论坛分享自己的育儿心得，或者在论坛里寻求关于育儿问题的答案。

二是育儿知识库。

众所周知，许多宝妈都会在育儿方面耗费巨大精力和很多资金，来寻求育儿的科学方法和知识。三优亲子网定期向宝妈精准推送育儿知识，并形成"育儿知识库"，供宝妈参考。

三是育儿微课。

三优亲子网与知名育儿机构和儿科专家成立相关组织，打造三分钟精品育儿微课，并向广大用户进行推送。微课是当今最为流行的线上课程，宝妈只需要打开三优亲子网的App就能随时观看。

四是专家快问。

许多宝妈都有育儿方面的问题，这些问题可能需要更加专业的答案。因此，三优亲子网提供了"专家快问"板块，宝妈可以在线上直接向国内知名专家咨询疑难问题。

五是妈妈FM。

每一位宝妈都可能遭遇情感问题，三优亲子网开通妈妈FM，为广大宝妈进行心灵上的抚慰，缓解妈妈们的心灵压力，帮助妈妈们健康快乐生活。

六是妈妈悦读。

如今，"悦读"类的时尚栏目有很多，但是关于"妈妈"的悦读类栏目却很少。三优亲子网发现了这个契机，进行深度开发，为年轻妈妈带来了更生活化的场景服务。

七是爱宝妈妈。

爱宝妈妈是三优亲子网旗下的商城，商城承诺提供高品质的亲子用品，给妈妈们提供更多的购物选择。

八是宝宝记。

宝宝记是一款移动端App，妈妈们可以记录宝宝成长的经历，分享宝宝的精彩瞬间，为宝妈提供更为温馨的服务。

三优亲子网的成功，也是运营商社群的成功典型。如今，越来越多的年轻人（创业者）选择垂直社群，打造"社群+场景"商业模式，让更多用户参与社群与场景的相关活动。

第4节　以人划分的垂直社群

前面我们讲到标签，垂直社群就是一个标签化的社群，就是以人划分的社群。人们的爱好不同、需求不同，追求的方向也不同。有人喜欢钓鱼，就会寻找与钓鱼相关的场所、朋友、比赛等；有人喜欢户外徒步，也会寻找相关的组织。我有一个朋友是作家，在文学圈小有名气，经常参加各地组织的文学活动，也是某些文学社的成员。与此同时，与文学、出版等相关的社群也有很多。走进一个文学社群，群成员全部是专业作家和文学爱好者，他们有共同的兴趣爱好，并且有共同语言，经常在社群内部进行文学方面的交流。

有人问："除了文学交流之外，还有其他商业活动吗？"在这些文学社群中，不仅有作家，还有杂志编辑、图书策划等。如果有文学爱好者想要出版图书，社群里的图书策划人员就会直接与文学爱好者进行联系，按照出版流程和管理要求，直接签订相关合同，安排各项出版事宜。如果文学爱好者的作品非常出色，还会有杂志编辑主动约稿。总之，文学社群是一个以文学为标签的社群，社群成员全部与文学相关。

事实上，"物以类聚，人以群分"的现象似乎永远存在，这也是社群的核心。哈佛商业评论网站作家DMRC刊发了一篇名为《人以群分，营销进入社群时代》的文章，文章中写道："目前，社群朝着去中心化发展的同时，一些内在细节也发生了变化，比如，用户从依赖热点话题，转向长尾分别式的细分和兴趣。兴趣是用户聚在一起的原因，也是成员间相互连接的基础。交流甚少的松散组织叫社区，用户之间实现一对一、一对多、多对多的交流才能称为社群……小米社区是一个典型的产品兴趣社群，吸引具有相同兴趣爱好的用户参与到产品讨论与创造中来，营造有亲手制造产品的参与感。一句'为发烧而生'勾起用户的情怀，并且小米社区让每个米粉有了家的归属感。加上创始人雷军在微博上经常同粉丝进行互动，制造话题，提升用户活跃度和对其品牌的忠诚度，也能够不断吸引新用户加入其中。"从这段文字里，我们可以感受到人以群分的社群是由一群对某个事物感兴趣的人组成的，人们喜欢这个事物，并且愿意参与与该事物相关的讨论。

前面我们还讲到泛内容式社群，这些社群仿佛没有垂直内容，任何话题都可以聊，类似于一种生活社群。这种社群中的成员有不同的喜好和价值观，难以在交流中产生共鸣。这种泛内容式社群将逐渐沦为生活聊天室，继而失去社群的特点。与此同时，打算组建或者扩大自己社群的人却会跃跃欲试，如果发现了有共同爱好的人，就会加深与他的交流与沟通，甚至把他拉进自己的兴趣群。

在我所在的社区，有一个泛内容式社区群，这个群里有500人，群里话题很广，任何人都可以发起聊天话题。我个人比较喜欢文学艺术，也会在群里聊一聊自己感兴趣的话题。正因如此，有几位有相同爱好的朋友把我拉进他们的文学群，在这些群里，都是清一色的文学爱好者，大家不仅一起聊天、分享自己的作品（或者其他人的作品），而且还定期组织线下的文学沙龙活动。在我参加的文学沙龙活动中，我又认识了出版社的编辑和杂志社的编辑，他们还能够提供与文学作品出版和刊发相关的渠道和资源……在这种情况下，许多文学社群内的文学爱好者发表了自己的作品。与此同时，我还比较喜欢"茶文化"，喜欢喝茶、品茶、赏茶。正因表现出这样的兴趣，社群内的朋友又拉我进入茶文化群。在这个群里，只有三种人——茶商、茶文化爱好者、茶文化推广者（产品研发者）。俗话说"不是一家人，不进一家门"，说的就是这个道理。人们的爱好就是"标签"，"标签"将社会人群进行了"垂直划分"。

复旦大学哲学博士陈果说过一句话："物以类聚，人以群分。只有同等能量的人才能相互识别；只有同等能量的人才会相互欣赏；只有同等能量的人，才能成为知己好友。你想要什么样的好朋友，你得先活成什么样的人。"社群的垂直，就是人以群分后的结果……这个结果是一种自然结果，而非人为结果。社群的垂直也是一种天然局面，是人性造就的。对于那些社群的运营管理者而言，尊重人的这种天性，结合符合时代特征的商业策略，就能引发一场新的商业革命，这是我们下一篇所讲的内容。

第 5 节　垂直社群：一场场景革命

在前面，我们已经多次提到场景二字。到底什么是场景呢？这里的场景，并不是小说里面的场景，也不是戏剧画面，而是一种商业思维术语。或者说，场景是一个互联网思维下的词汇，它强调了一种特定时间下的人物与环境之间的关系。比如，一个人在某个特定的空间里生活，其生活的整个状态就是场景。在这里，我们还要单独提一提场景思维。作家张子恒在"人人都是产品经理"平台上刊发了一篇名为《浅析产品场景化思维：基础场景与环境场景》的文章，文章写道："场景化思维其实更多的是一种从用户的实际使用角度出发，将各种场景元素综合起来的思维方式。忘记在哪里看到过这样一句话，'不以用户场景为基础的设计都是耍流氓'，我深以为然。产品经理在设计原型时，要考虑的重要因素之一就是'用户场景'，甚至在拿到一个需求的第一时间，就需要在脑海中思考用户在不同场景下的需求能否被满足，该如何满足，以此来进行需求的初步筛选，'场景思维'的重要性可见一斑。"

场景思维中的场景是一种需求场景，更加体现了时间、地点、人物、目的、事件五者之间的关系。垂直社群制造的场景也是两种场景，即基础场景和环境场景。

基础场景就是人物、目的、事件。人物，就是场景中的每一个人，或者社群中的每一个人，只有人的出现，才能让另外几个元素发生连锁反应。如果一个场景中没有人，也就无法引发事件。目的，就是人物的目的。每一个人，都具有目的，没有目的的人，也就无法产生事件。如果一个人进入某旅游社群，他的目的就是旅游；如果他没有旅游的目的而进入了旅游社群，也不会产生意义，或者不会与社群发生关联。有了人物和人物目的，才会引发具体的事件。因此，人物、目的、事件构成了基础场景。

环境场景就是时间、地点。传统小说里面的场景，就是时间、地点、人物。但是互联网思维下的环境场景，更加纯粹一些，它的出现只是给人提供了一个这样或者那样的空间。时间、地点构成了一个空间，人就会在这样一个特定空间内产生需求，并引发一系列的与需求相关的行为，如商业行为等。

说到底，场景思维就是一种基于用户需求，串联各种场景的思维方式。垂直社群给这样的场景带来怎样的影响呢？

早在2016年，中国就出现了一家社群酒店——亚朵·吴酒店，这家酒店成功借助"垂直社群"引发了一场场景革命。东方网有一篇名为《一家社群酒店带来的场景革命》的新闻报道性文章，文章用举例说明的方式这样介绍："亚朵创始人耶律胤提出了'第四空间'概念：第一空间是家，第二空间是办公室，第三空间是星巴克，则第四空间是'在路上'。耶律胤认为，越来越多的人已经享受在路上工作和生活，东奔西走已成为一种常态，相对于家、办公室、社交场所而言，'在路上'是必不可缺的第四空间，亚朵也希望成为继星巴克之后的'第四空间'打造者。所谓'第四空间'即新的用户需求和用户体验构成了新的'在路上'场景。亚朵利用其自身载体优势，承载和开创了第四空间场景，让新的场景成为新的用户连接入口、新的流行方式、新的生活图谱、新的消费者形态以及新的商业溢价能力,从而使其享受新场景红利。'找到你的场景,就能找到你的人群。找到你的拥护者,就能建设你的社群。拥有自己的社群主张,就有形成属于自己亚文化的可能。有独特的亚文化,就有互联网的内容能力。有互联网的内容能力。就有引爆的机会和资格。'亚朵已在这场变革中取得了头筹。"

之所以垂直社群能引爆场景革命,正是由于垂直社群具备以下三个特点:

一、社交特点

社群就是一个人与人的社交集散地,正因有这样的特点,才能产生与社交相关的事件,才能制造出流量。

二、产品特点

在一个垂直社群里,人人都有相同的爱好,甚至有相似的消费习惯,因而会对某个东西感兴趣。与此同时,社群本身就是一款虚拟产品,本身也具备产品特点。

三、传媒特点

社群是一个线上线下互动的场所,尤其是互联网高度发达的今天，社群具备传播能力极强的特点，因此具有传媒的特点和用途。

垂直社群的三个特点与商业场景所需要的条件仿佛不谋而合，并且让商业场景更具商业化。我想说，垂直场景带来了一场场景革命，这样的形容是恰当的。

第三章
社群的三大属性

第 1 节 社群的工具性

上一章的最后一节中,我们简单提及了垂直社群的三个特点,即社交特点、产品特点及传媒特点。除了这三个特点之外,社群还有三大属性,即工具性、传播性、连接性。社群是一个人与人的平台,也是一种工具。我们如何去理解社群的工具性呢?

有一个叫王克金的人,非常热爱钓鱼。后来,王克金参加钓鱼比赛,多次获得比赛冠军,几乎可以凭借"钓鱼"养活自己的家庭。于是,他选择辞职,专心钓鱼。

王克金在钓鱼圈里颇有知名度,许多钓鱼爱好者向他求教。王克金非常热情,乐意分享自己的钓鱼技巧。于是,他经常参加各种各样的经验分享活动。后来,微信出现了。有朋友建议王克金:"许多人都在建群,你为什么不建一个钓鱼的经验分享群呢?"在朋友的建议下,王克金建了一个钓友群。最初,王克金只是在钓友群里线上解答钓友的问题,偶尔组织线上活动。随着时间的延长,钓友群的"商务性能"逐渐凸显出来。

正如前面所讲，王克金是垂钓界的高手，他不仅会钓鱼，而且还擅长挑选钓鱼的水域，更会调配鱼饵。在这种情况下，王克金发现了商机，于是针对钓友群进行商务扩展，并且开通了一家微店。微店里都有哪些商品？钓具、鱼饵、渔网、钓箱等。许多钓友咨询王克金，并且直接从王克金的微店下单。因此，王克金的社群变成了"商务群"。由于王克金售卖的钓具质量好，性价比高，回头客很多。与此同时，王克金继续拓展"商业版图"，开发全省各地的自然水域，组织钓鱼活动。

2018年，王克金组织海上垂钓。参与海上垂钓活动的有40人，钓鱼时间为两天，每个人收费为1600元。王克金联系好船只，并且在出海钓鱼之前，提前进行了考察。换言之，王克金为了组织海上垂钓活动煞费苦心，并取得巨大的成功。一起出海钓鱼的40名钓友，收获满满，并且培养出相互之间的深厚友情。大获成功之后的王克金，不仅赚到了钱，开发了垂钓旅游项目，而且还扩大了垂钓社群的规模，并且对垂钓社群进行分类，有海钓群、矶钓群、游钓群、路亚群、比赛群等。

与其他社群不同，王克金非常重视社群的运营，完全按照企业管理模式去运营。换言之，社群是一个巨大的平台，是商业运行的工具。另外，王克金的垂钓社群是收费的，设定了"门槛"。用王克金的话说："要进群，先交100

元的会费。但是,我没有把会费占为己有,而是当作开展相关活动的基金。收到的会费,最后还会花到每一名会员身上。另外,收费的意义在于,让所有的会员都珍惜自己的社群,爱护社群。"如今,王克金的钓鱼社群已经是当地最大的钓鱼社群,拥有铁杆粉丝 5000 余人,并且创造出巨大的商业利益。

社群是一个工具,其工具性意义在于,社群运营者能够大量吸纳粉丝进入社群,在社群内分享、经营、产生流量和 IP 效应。有人问:"社群的工具性都体现在哪些方面呢?"我想,社群的工具性有三个具体的功能性体现,即解决问题、提升流量、产生效益。

一、解决问题

什么是工具?人们做家具,就需要钢锯、钉子、刨子等,这些都是制造家具的工具。钢锯可以锯断木头,钉子能够将木头与木头钉在一起,刨子可以"找平",让家具更美观,油漆让家具的色泽度更好,甚至还可以防虫防蛀。因此,工具就是用来解决问题的。社群能够解决人们的问题,垂钓社群解决钓友钓鱼工具以及钓鱼选址的问题,旅游社群解决旅游爱好者寻找旅游目的地(报团)的问题,亲子社群解决宝妈关于育儿的问题。总之,社群能够解决人们的问题,帮助人们达成所愿。

二、提升流量

众所周知，现在各行各业的经营都会面临一些困难和挑战。这令许多企业老板、个体商户头疼不已，如何才能提升流量和关注度呢？社群的出现，似乎带来了一丝曙光。有一位经营农家乐的老板，通过搭建农家乐社群，吸引了大量喜欢农家乐旅游的顾客，不仅带动了农家乐的人气，而且大大提升了流量。

三、产生效益

曾经有人发出过这样的质疑："只有人气，没有效益，这还算成功吗？"是的，人气与效益不能直接画等号，但是效益好的前提是人气高。社群还有一个功能，就是将人气直接转化为成交额。人们通过社群提升流量，将流量转化成销售额，甚至还能锁定大量回头客，形成稳定的收益渠道。

社群工具是解决问题的工具，是提升流量的工具，是将流量转化为经济效益的工具。因此，社群才能在互联网时代受众人关注，并被众人所采纳、使用。

第 2 节 社群的传播性

一个优质的社群,一定是具有传播性的。畅销书《疯传》中有这样一段话:"人们都倾向于选择标志性的身份信号作为判断身份的依据。人们喜欢分享,因为他会觉得这是他个人的身份的体现,会让他看起来更加的精明、机智,获得更多好评。"

在一个社交圈里,人们的这种社交需求会在某个时刻最大化。他需要自己的想法在社交圈里得到传播;他渴望自己得到认同,或者被更多人接受;他希望看到自己的某个观点在得到认可的情况下,被其他人广为传颂;甚至,他希望自己变成某个领域内的领导者,或者代言人。我们再回过头来看一看,互联网技术已经将传播这一特点最大化了。就像木心的现代诗《从前慢》中描述的那样:从前的日色变得慢,车,马,邮件都慢……而现在则截然相反,什么都"快",甚至这种快要以秒的速度去传播。每天,人们都会关注各种热点。热点从形成、发酵、扩散,再到裂变,仅仅只需要几分钟。当然有人会问:"传播速度如此之快,影响范围如此之广,到底有什么好处?"在这样一个信息高速传播的时代,传播的速度越快、范围越广、力度越大,所产生的 IP 效应就会越大,继而产生商业效应和社会效应。许多从事新媒体工作的人们，都在积极打造社群，通过社群进行相关新闻与信息的传播。

笔者有一位从事新媒体工作的朋友，新冠肺炎疫情期间，朋友的工作室计划推出"抗疫短片"，传递抗疫正能量，讴歌国家在抗疫方面展示出来的决心和毅力。朋友说："危急时刻，才能体现大爱。人人都需要感受到这种爱，爱浇灌了每个人的心灵，人们才会心怀感激，社会才会和谐。"无论是想法还是立意，正能量的抗疫题材短片都非常值得去拍摄和推送。如何才能实现大面积、短时间的推送呢？如何才能产生巨大的影响力和裂变效应呢？我的这位朋友是这样做的：

第一步，打造一个原创视频社群。

从事新媒体行业的工作者，几乎都有自己的圈子，圈子可以有两种：一个是同行业圈，另一个是粉丝圈。朋友打造的圈子是一个粉丝圈，也就是粉丝型的原创视频社群。自他开办新媒体工作室以来，一共拥有30余万粉丝，这些粉丝中，约有30%的粉丝是铁粉，就是长期关注的粉丝。为了将这些粉丝进行更好的分类与管理，他创办了原创视频社群，将粉丝拉进社群。群内的粉丝来自各行各业，但是有相同的爱好。正因如此，社群里的人气一直很旺，社群氛围也非常融洽、和谐。

第二步，开展活动。

原创视频社群成立之后，社群里管理者经常组织各式各样的活动，这些活动均与社会热点有关。与此同时，社群管理者还会邀请粉丝参与媒体视频创作活动。换言之，粉丝参与并策划了整个活动，因此就会对活动制作的视频更加重视，也会积极转发。用朋友的一句话说："原创微电影的创作者并不是我，而是所有人！"正因如此，粉丝们获得了认同与尊重，也更加积极地参与视频的宣传活动。

第三步，群类宣传。

如果仅仅邀请粉丝参与活动是不够的，在社群里进行"品推"工作也非常重要。但前提条件是，视频内容能够引起粉丝们的兴趣，让粉丝们主动去转发，而不是分配转发任务。朋友的做法令粉丝们感到舒服，粉丝们似乎也有了一种责任，帮助朋友进行"品推"。就像我们前面提到的抗疫短片，影片拍摄结束之后，社群内的数千名粉丝就开始进行疯狂转发。一传十，十传百，百传千，千传万。抗疫短片发布时间不到一小时，影片的点击率就超过了是几十万人次。

朋友的抗疫短片最后收获了千万次的点击，并有数十万次转载，创造了他的新媒体工作室开业以来的新纪录。当然，这样的好成绩离不开粉丝，更离不开社群。换句话说，社群具备了一种强大的传播功能。而这样的社群，仅仅只是功能相对简单的普通社群。

如今，许多大型互联网公司也在运营社群，并且利用社群的传播能力进行相关信息的推广。功能强大的社群，不仅可以实现粉丝管理和活动开发，而且还可以绑定更多的"传媒工具"，实现"一键转发"。最近几年，从事融媒体行业的企业或者企业管理者也在研究社群。江西上饶的主持人王雯刊发了一篇名为《融媒体环境下广播资讯的虚拟社群传播探讨》的文章，文章写道："融媒体时代，听众不仅是广播资讯的获取者，同样是广播资讯的贡献者，尤其随着自媒体信息的海量增长，很多听众通过自媒体平台发布的消息往往能够成为即时热搜资讯的源泉。虚拟社群听众对广播资讯节目主持人情感上的黏性，应是各类广播电台和广播类App设计融媒体环境下虚拟听众社群养成策略的关注点。一方面，进一步发挥主持人的感染力。虚拟广播世界主持人的感染力是无限的，优秀的广播节目主持人除了承担起传统的资讯播报职责外，还应该最大化发挥自身的感染力，与听众建立起良好的互动关系。另一方面，以听觉情感养成虚拟社群听众。主持人的语音问候、文字关怀或与听众之间的书信联系等，都能成为听众在虚拟广播世界获取情感慰藉的源泉。建议各级广播电台主持人能够从上述方面下足功夫，培养起虚拟社群听众群。"从这段话中不难看出，从事媒体传播的部门或公司同样非常重视社群（或者虚拟社群）

的建设，而社群自身具备的传播属性也将进一步帮助媒体公司扩大宣传，提升流量。

第3节 社群的连接性

一个社群，不仅仅是一群人在某个群里面聊天，还可以让社群中的成员保持一种紧密的连接性。当一个人完全进入某个社群，也就无法离开社群以及社群所提供的有价值的信息和服务。

有一位年轻的宝妈安娜（网名），刚刚升级为母亲的那一刻，她非常紧张，甚至完全没有概念。但是安娜的家庭环境比较特殊，父母和公婆都不在身边，无法帮她带孩子。在这种情况下，她只能自己硬着头皮上，独自带孩子。为了更好地承担起母亲的责任，安娜想起了宝妈社群。

安娜生活所在地有一个育儿机构，这家机构的创办者叫琴琴，不仅是一位资深宝妈，还是育儿方面的权威人士。琴琴不仅懂得育儿，还懂得诸多与育儿相关的医疗知识。为了更好地推广自己的品牌，琴琴创建了一个"宝妈群"。安娜加入的宝妈群，就是琴琴育儿机构的社群。

这家社群拥有490名会员，几乎所有的会员都是宝妈。许多宝妈的情况与安娜相似，自己带孩子，自己教育孩子，一切都是自己来。虽然带娃很辛苦，但是用心、用力，就能带出优秀的孩子。社群所在的机构不仅按照年龄段编写了不同的育儿课，而且还对应着不同的服务和产品。换句话说，安娜加入了社群之后，就可以得到"一站式服务"。这个育儿社群到底都有哪些特点呢？为什么年轻宝妈离不开这个社群呢？

一是价值连接。

对于一个社群而言，只有提供相关价值才能将群成员牢牢地锁定住。安娜加入宝妈社群有两个重要原因：第一，听育儿微课，学习育儿知识；第二，购买母婴相关的用品。很显然，这些育儿社群是一个功能全面的垂直社群，并且具备很强的专业性，对安娜这样的宝妈有非常大的吸引力。换言之，安娜既可以在社群里关注课时动向，选择适合自己的育儿微课，还可以通过社群内提供的优惠券（折扣券），以相对低价购买相关物品。当然，如果社群失去了有价值的连接，对宝妈的吸引力就会大打折扣。

二是身份认同。

凡是进入这个社群的人，几乎都是宝妈。即使不是宝妈，也是与育儿相关的社群成员。这种身份，就是该社群的最大特色。有了身份的认同，又有共同的兴趣爱好，安娜就能在社群里"自由生活"。与此同时，这种身份认同提升了社群的凝聚力。

三是价值观连接。

这个社群有统一的价值观，即做更好的妈妈。这个社群的广告宣传词是：没有最好，只有更好。价值观的连接，让每一名宝妈都拥有了某种属性。与此同时，这种价值观还会引来更多志同道合的人加入进社群，提升社群的规模和影响力。安娜加入社群的时候，只有490人。一年之后，宝妈社群已经拥有3000人的规模，且这种规模还在扩大。

四是文化连接。

前面我们简单提及了社群文化的重要性。在这样一个宝妈社群中，同样也有自己的宝妈文化。社群创始人琴琴有一整套打造社群的商业思路，并且手里握有大量的故事和案例。这些故事和案例，就是为打造社群文化而单独准备的。如今，社群成员不仅能够感受到社群文化，甚至认同这种文化，愿意为这种文化提供更多的连接，或者连接之外的可能性。

五是现实场景连接。

这样一个宝妈社群并不是虚拟的，而是一个现实可见的社群。琴琴的育儿机构规模很大，约有2000平方米的共同活动环境，她经常举办各种各样的活动，邀请各地宝妈参加活动。活动是非常好的"连接器"，将机构与宝妈紧密地连接起来，给宝妈提供了现实的、体验性更强的环境。正因如此，像安娜这样的宝妈们信赖这个育儿品牌，愿意与这个品牌长期合作。

通过上述案例不难看出，社群本身具备一种强大的连接属性，不仅可以加强社群内部的人与人的连接，还可以提升外部连接的能力和效果，继而提升品推效应和商业效应。

第四章
社群与推荐信

第 1 节　进社群为什么要写推荐信？

有人问："为什么进社群要写推荐信？"难道进社群还有门槛吗？事实上，社群是一种古老的形式，传统的各种协会、组织也属于社群。一个优质的社群，一定是具有门槛的社群。换句话说，不是所有的社群，都可以随意进入。优质的社群，不仅有门槛，而且还是某个领域内的专业社群，甚至类似于协会。

还有一些朋友问："如今还有一些收费的社群，这些社群是不是只要缴费就可以进入？"评判一个事物的好坏，我们不能只看其收费或者免费，而是要看这样的社群是否符合你的需求和理想。现实中，有一些高质量的社群并不是以社群人数取胜，而是以质量取胜。笔者身边就有许多这样的社群，这些社群品质很高，非常专业，但是严格控制人数，对新进成员的考核也非常严。还有一些社群甚至没有"纳新"的指标，这该怎么办呢？总不能一直将你拒之门外吧？这里就提到了推荐信。

某省有一个诗社，在文学界有一定的知名度。诗社成员中有许多国内著名诗人，且诗社社长曾经获得过国内重要的文学奖项。许多诗人想要加入这个诗社，但却很难加入。有一位诗人朋友叫浩然，写诗多年，在各级刊物上发表文章多篇，在圈内也有些知名度。浩然有一个愿望，就是加入这个诗社。后来经多方打听，这家诗社已经停止纳新。

浩然并没有因此放弃希望，而是想办法打听如何才能进入这个诗社，或者让诗社社长为他单独开一次大门？后来，浩然得知本市的作协主席与诗社社长关系很好，且有着较为亲密的关系往来。浩然也是本市作协会员，与作协主席有过几面之缘。有一次，浩然找到作协主席，说出自己的想法。作协主席非常和气，并且对浩然说："这个诗社很有名，并不是所有人都能进，他们有一定的门槛。"

"都有哪些门槛呢？"浩然问作协主席。

作协主席说："这个诗社我还是比较了解的，社长、副社长都算是业内名家。如果纳新，需要你提供在国家级刊物上发表的文章，且文章字数不得少于三万字。"

近几年，浩然刊发的文章数量不算少，可以达到三万字。于是对作协主席说："别说三万字了，十万字我也有了！"

浩然的素质达到了诗社纳新的要求，但是诗社却并没有发出纳新通知。因此，浩然请求作协主席帮他想办法。

作协主席说："浩然啊，要不然我帮你推荐推荐，写一封介绍信吧。"

不久之后，作协主席给浩然写了一封介绍信。浩然拿着介绍信去了诗社，找到诗社社长。诗社社长看到浩然之后问："能否提供一部分作品让我看看？"早有准备的浩然拿出自己的文章，交给诗社社长。诗社社长看过之后，点头表示认可，于是对浩然说："原本诗社不打算纳新，但是有作协主席推荐你，而且看好你，他愿意向优秀的文学组织推荐优秀的文学创作者……你的作品确实也不错，所以这次就为你破例！"

浩然成功加入了优秀的文学社群，成为文学社群的一分子。文学社群给浩然带来了哪些好处呢？用浩然的话说："在这样的团体组织里，我可以与更优秀的文学创作者进行交流，不仅可以提升自己的水平，而且还有更多机会与更多优秀的文学创作者会面。另外，这个文学组织里面有许多资源，既有出版资源，还有发表资源，甚至还有推荐给各大刊物直接通道。在这样的组织里，一个人的成长速度会提升，名气也会提高。"

在现实中，这样的案例比比皆是。许多高门槛的社群，需要介绍信或者推荐信才能加入。推荐信到底有哪些用途呢？大体总结一下，有以下三方面。

一、敲门砖

只有拿到敲门砖，才能进入这些门槛较高的社群。

二、认可

推荐信相当于学历证明，证明被推荐人具备进入社群的资质。

三、重新解释

推荐信是第三者对申请者自述材料的重新解释，也是对申请者能力的认可，因此做出推荐。

如今，推荐信不仅运用在社群方面。在国际上，许多著名的科学家也会以推荐信的形式推荐自己的优秀学生去某些著名的组织工作，或者为某些著名人物担任助手。由此可见，推荐信这种古老的形式，在社群时代其作用和意义仍旧十分明显，并没有因时代的变迁而被淘汰。

第2节 进社群，找谁写推荐信更靠谱

在上一节中，我们用一个案例讲述了推荐信的意义和重要性。许多人都有加入心仪社群的愿望，这些社群能提升他们并满足他

们的需求。如果推荐信能帮助人们进入社群，确实是好事一桩。"Dyad 大雁留学"平台有一篇名为《推荐信该找谁写？他又真的能写好吗？》的文章，文章写道："首先，你的招生官希望看到一个不仅有才华还很努力的学生，能够为他们学校贡献新的学术成就。如果你需要三封推荐信，我建议你前两封选择过去两年曾共事的老师来为你书写。当然，如果在某个老师的课上你表现出色，而你又和他关系密切，那他一定会给你写上最好的评语。也许你曾参加了一个由数学老师主持的象棋俱乐部，那个老师不仅能对你的学习成绩有发言权，还能对你的社团表现做出评价。如果前两封信都找你的老师写完了，那第三封该怎么办？这就是一个很好的机会展示你在学习之外的成就，你可以找到之前的教练、导演、导师、指挥家、宗教界人士甚至曾经的老板，只要他们能在你的推荐信中提供一种新视角。"

留学推荐信与社群推荐信几乎如出一辙。在朋友进文学社群的故事中，推荐人是某地方作协主席，推荐人本身就是文学领域的优秀人物，有一定的号召力和影响力，这样的人物写推荐信，有很好的效果。而"Dyad 大雁留学"平台刊发的文章里，提到了三封推荐信与三个推荐人。如果我们概括一下，可以是这样三种人。

一、曾经共事的前辈

就像《推荐信该找谁写？他又真的能写好吗？》这篇文章中所说的，有过共事经历，也有一定的情感基础，甚至是相互之间非常熟悉的人，比较适合写推荐信。推荐人对被推荐人的认识是全面的，呈现的推荐信也会非常全面，不会留下致命死角。另外，有过共事的前辈通常也是某个领域内的前辈，有一定的地位，或者深受业内人士爱戴，甚至拥有一定的话语权。这样的人写推荐信，效果显著。

二、提供新视野的人

还有一些名人、名家，能够在推荐信里呈现出另外一个角度。

曾经有一位年轻厨师，技艺精湛，多次在国际比赛中获奖。因此，这名年轻厨师可以申请到法国某米其林三星餐厅深造的机会。但是，这样的机会可遇而不可求，并不是人人都可以得到。在这样的情况下，有一名法国导演想要帮他，并且为他写了一封推荐信，推荐给米其林三星餐厅的老板。推荐信是这样写的："虽然我不是美食家，或许也不懂得品尝美食。但是在我品尝过世界各地的著名餐厅后，这位年轻厨师的菜品令我愉悦，这可能是我想要推荐他的原因。我认为，他的气质配得上世界上最优秀的餐厅。"凭借这封推荐信，年轻厨师获得了加入顶级餐厅团队的机会，并且成长为一名世界级厨师。

正如《推荐信该找谁写？他又真的能写好吗？》所言，这种新视角会给社群管理者一种全新的认识。

三、垂直社群中有影响力的人

如果想要加入某个有影响力的社群，还可以直接找社群里的成员为你写推荐信。但是这位成员，要在该社群里有一定的话语权和地位。有一位朋友进入某艺术社群，找了艺术社群里面的"大咖"，这位大咖本身具有相当大的知名度和影响力。他虽然不是社群管理者，却在社群中有较高的地位。于是，这位大咖帮助朋友写了一封推荐信，社群群主看到推荐信之后，便邀请朋友直接进入社群。换言之，垂直社群中有影响力的人在社群推荐方面，具有很大的力度。

以上第三种人就是一名想要进入垂直社群的人最需要的推荐人。在这里，我们还要复述一下推荐人具备的特。

第一，能够满足推荐人的要求。

只有满足推荐人的要求，推荐人才可能去推荐。换句话说，被推荐人要具备一定的能力标准，推荐人才可能去推荐。

第二，推荐人的推荐具有一定的说服力。

并不是所有人的推荐都是有效的推荐。如果一名推荐人的说服力不足，也就起不到推荐作用。因此，推荐人要具备一种说服对方的能力，且推荐信的呈现也足够精彩。

第三，推荐人表现出足够的诚意。

如果推荐人没有诚意，只是敷衍，或者照顾面子去写推荐信，这样的推荐信同样没有太多效果。被推荐人要只有找到表现出足够诚意的推荐人，才是有意义的。

如今，社群的入门门槛逐渐在降低。大多数社群不需要推荐人进行推荐，只要人们达到入门门槛的标准就可以进群。

第 3 节　如何写好一封推荐信？

人在不同时期内，可能有着不同的身份。对于那些想要加入优质垂直社群的人而言，他们需要寻找一名推荐人，并且让推荐人为他们写一封有价值的推荐信。如果你是一名推荐人，可以向某些社群推荐人选，就要思考这样一个问题：如何才能写好一封推荐信？

当然，又有人会问："难道我就不能不做推荐人吗？"在我看来，人们生活在一个社群时代，总是被不同的社群所分类。每个人在自己的社群生活中都可能同时分饰两种角色：推荐人与被推荐人。当一个人成为你的推荐人，为你推荐高质量的社群，被推荐人在合适的情况下，也要承担相应的责任和义务，向其他人进行推荐。换言之，这是社会所赋予的责任，也是每一名社群人应该做的事情。中国有句老话："赠人玫瑰，手有余香"，为自己的朋友写推荐信，推荐他去自己喜欢的社群，也是一件非常荣耀的事情。笔者认为，掌握一门写推荐信的技术很有必要。

推荐信是一种常见的应用文，能够熟练写好推荐信，也就掌握了一门技术和本领。推荐信同样有两种，一种是推荐自己，即毛遂自荐；另一种是推荐他人。

一、推荐自己

有时候，推荐人不一定要写推荐信，他可能仅仅只是那个递信的人，而不是写信的人。推荐信往往是自己所写，然后交给推荐人。推荐自己的推荐信的写法，应该做到以下几点：

第一，如果想要自我推荐，就要尽快落笔。现实中，许多人都患有拖延症，今天想写，明天想写，后天想写。久而久之，没有了下文。既然自己产生了进入某社群的想法，就需要尽快付诸实施。想要写好一封推荐信，首要问题是解决写的动力性问题。

第二，对自己进行一番全面的评估和定位，自己的优点是什么，缺点是什么，擅长什么，不擅长什么，加入社群能为社群带来怎样的价值，有无加分项等。只有对自己进行全面的评估，才能客观呈现出有说服力的推荐信。另外需要提醒的是，对自己进行大肆"表扬"式的写法，如今已经过时。客观展示自己，才能让其他人认识你。

第三，选择常规字体，尽量避免手写字体。有人问："为什么不能手写推荐信呢？"不是不可以，而是在信息化的今天，直接打印推荐信更利于保存，也利于对方审阅。如果你能写一手漂亮的字，也可以手写推荐信。

第四，如果想要让对方对自己的了解更加深入，就需要让自己的推荐信有一定的故事性，而不是像求职简历那样去写。推荐信不同于求职简历，它需要感性一些，需要让读信人有情感上的共鸣。有时候，"感情分"很重要。因此，笔者在这里特别强调，推荐信可以写得富有情感，而不是像呈现一份求职简历。

第五，内容一定要简洁、突出重点。虽然我们强调推荐信的"情感性"和"故事性"，并不代表一个人的推荐信要变成小说，或者情感故事，那都不是推荐信。推荐信里面的故事应该具有画龙点睛的作用，但是一定要减少文字数量。如果一封推荐信如同小说，社群管理者恐怕没有耐心去看这样的东西。不但浪费自己的时间，还浪费他人的时间。

第六，既然是推荐信，一定要强调自己的优势。换句话说，一个不会强调自己优势的人，也就得不到某个机会。既然是毛遂自荐，更需要交一份"漂亮的答卷"。如果自己的推荐信普普通通，也就无法引起对方的兴趣。

第七，适当点出自己的缺点。点出自己的缺点并不是一件坏事，有时反而能够起到更好的效果。有个词叫似贬实褒，意思是表面上自我否定，实际上是一种自我肯定。一个敢于说出自己缺点的人，才能给他人以真实的一面；如果一个人只会夸自己的优势，而完全掩盖自己的劣势，这样的做法也会引发争议。

二、推荐别人

就像前面我们所讲的，有时候需要自己推荐自己，有时候还要向他人推荐他人。推荐他人是一种美德，如何才能更好地推荐他人呢？抛开敲门砖式的推荐信，我想，推荐他人的推荐信还要强调以下几点：

第一，对被推荐人表示认可和赞同，甚至展示出自己的诚意。诚意是一种情感，也是一种尊重。尊重自己的"委托人"，才能写出有价值的推荐信。

第二，全面了解委托人，决不能为委托人提供"伪证"。换句话说，要客观、诚实地进行推荐，而不去夸大、失实地进行推荐。

第三，留下委托人的相关信息和资料，方便对方及时联系委托人。

不管是自我推荐，还是推荐他人，掌握推荐信的写作方法还是非常有必要的。对于那些从未写过推荐信的朋友，还可以多搜集一些经典的推荐信范本进行研究，继而找到写推荐信的方法，提升自己的写作和呈现能力。

第五章
纲举目张，定位社群

第1节 社群的定位原则

提到社群，人们就会想到"圈子"二字。当今时代，人人都需要经营自己的圈子，这个圈子是一个广义概念，既包括职场的、工作的，也包括家庭、生活的。圈子就是人脉，有了人脉，才有资源。

我有一个朋友，是摄影师，从事摄影20多年，苦心经营着一家影楼，生意并不是很好。后来，他实在经营不下去了，便投身到另外一个行业——餐饮。有人告诉他："想要开餐馆，朋友圈很重要。如果你能把餐馆开成'朋友聚会'的场所，就能成功。"开业之前，他把自己的朋友、同学等拉进自己的美食群，每天分享新菜品，并且邀请朋友、同学品鉴。朋友、同学都给了许多好意见。开业那天，他的餐馆顾客爆满，人气很旺。

后来，朋友又建了新美食群，邀请许多老饕进群。只要有时间，朋友就在群里分享美食，以及与美食相关的文章。老饕也给朋友提意见，让他继续研发、增设菜品，朋友都能按照老饕的要求去做。由于他是摄影师出身，他拍摄的菜品非常诱人，甚至有许多顾客是奔着摄影照片来他的餐馆消费。由于餐馆的菜品好，价格公道，朋友的这家餐馆很快就变成了网红店。现在，他的餐馆经营得好，社群也有很高的人气。

如今，许多人都有自己的群，但是群与群是有区别的。有的群给群主带来了巨大的收益，有些群却不得不面临解散的窘境。搭建一个社群，需要对社群进行定位。有人问："社群定位有什么原则吗？"在我看来，社群定位有两大原则。

一、垂直原则

前面章节中，我们多次提到垂直二字。垂直就是某个标签下的区域，并且对该标签拥有权威的解读。搜狐网 bigdateboys 平台有一篇名为《怎样进行社群定位》的文章，文章写道："简单说就是聚焦在一个垂直领域。比如，母婴社群、画画社群、知识分享社群。知识分享社群又可以分为微信群营销社群、新媒体运营社群、拍照技巧教学社群、宝妈辅食社群等。找准你的方向，才能找准你的用户，才能实现精准引流。所以，在运营社群之前，一定要把握住垂直化发展的原则，只有在一个领域深耕，才能让更多人对你的群保持黏性，才会产生更加强烈的归属感。"文章里的这段话可以清晰地解释垂直原则。

当今时代是一个高度细化的时代，人们的生活也已经被细化。从事外贸工作的员工李晗，需要进一步提升自己的英语水平。于是，她加入了一个专业英语的社群，社群组织者是一位在美国生活了20年的人，不仅英文好，而且教授流行度很高的现代英文，不同于书本上的英文课程。有一位年轻人在大学从事体育教练工作，后来投资了一家马术馆。为了提升马术馆的知名度，他建了一个"马术，生活与美"的社群，社群成员几乎都是喜爱马术运动的年轻人，这群年轻人拥有一定的消费能力，经常去马术馆骑马。

二、志同道合原则

在一个社群里，往往是一群有共同爱好的群成员一起共事。如果没有志同道合的原则，是无法运营一个垂直社群的。志同道合是一种商业思维，也是一种哲学思维。古人用志同道合形容合作，只有志同道合，才能一起合作。

有一位游泳运动员叫陈灿，她退役之后一直想找一份适合自己的工作。但是她学历不高，很难找到比较好的工作，于是选择了创业。由于缺钱、缺资源，她便建立了一个"合作伙伴"社群，寻找与游泳、健身相关的资源谋求合作。

有一天，有一位游泳馆的老板找到陈灿，并与陈灿进行了深度交流。几天之后，有一位喜欢游泳的投资人也加入了进来，三个人一拍即合。一个月后，陈灿的游泳馆正式开始运营了。

为了吸引更多的会员，陈灿在各大健身馆进行宣传，并且邀请人们来游泳馆免费体验。与此同时，曾是省游泳冠军的她对游泳训练具有绝对的话语权，于是研发了一套具有个人专利的游泳训练课程，每周在自己的游泳社群里进行直播授课。没想到，更多喜爱游泳的人加入了进来。如今，陈灿的游泳社群拥有2000多人。这些成员均是游泳爱好者，长期在陈灿的游泳馆办卡、充值、消费。由于陈灿的成功运营，合作伙伴对她更有信心，于是追加投资。现在，陈灿拥有四个游泳馆，游泳馆的生意非常好。与她的游泳馆形成鲜明对比的是，许多游泳馆非常冷清，游泳馆的老板们为了节省运营成本，还要定期关闭游泳馆。

《中国合伙人》就是三个志同道合的人进行创业，并且取得了巨大的成功。志同道合原则是创建社群的关键性原则，与垂直原则同等重要。如果我们的创业者能够坚持以上两个原则去创建社群，就一定能成功创建社群。

第2节 社群的"共同价值观"

什么是共同价值观?百度百科给出这样的定义:"共同价值观是指企业组织成员或群体成员分享着同一价值观念。这一观念是企业文化的重要基础。这些价值观念贯穿于整个组织之中,为组织成员所接受,并指导他们很好地从事生产经营活动。当价值观念灌输到组织中时,组织就会存在独特的同一性。"从这个定义中我们可以看出,共同价值观是企业文化基础,是组织成员的精神信仰。有人问:"社群不是企业,怎么会有共同价值观呢?"社群是人类社会的一种组织单位,企业也是如此。因此,社群有社群的共同价值观。

有一个著名户外社群,社群组织者也是国内知名的民间登山家,有8000米以上高峰的成功攀登记录。有一年,登山家组织攀登国内某知名的6000米级别的山峰,参与攀登的队员有10人。10名登山队员几乎都有一定的登山经验,但是面临6000米级别的雪山,还需要有经验的"老人"带队。这个户外社群的口号是"永无止境的攀登与冒险",这句话也贯穿在每个队员心中。在整个攀登过程中,每一名队员都非常勇敢，他们具有团队精神，能够精诚合作、互相帮助，最后一起站到了山巅之上。

民间登山家说："我们这个社群成员并不多，只有100多人。但是，我们社群成员非常团结，我们酷爱登山，并且有坚韧的意志力。与此同时，他们都是非常好的人，非常喜欢在一起从事探险相关的活动。当然，每一次成功的探险和攀登，都离不开精心的规划和安排。我们也有严格的组织纪律，要求每一名成员都必须遵守。"是的，每一次成功的攀登都离不开这些——团队、成员、纪律、计划、目标、信仰等。

一个拥有共同价值观的社群才能长期生存。那么，一个拥有共同价值观的社群都有哪些特点呢？

一、有门槛

不是所有的社群都没有门槛。一个优秀的社群，一定是有门槛的社群。一个有门槛的社群，才能吸引更加优秀的社群成员。同理，一个优秀的、具有共同价值观的企业，一定拥有能力出众的员工。社群有了门槛，社群成员才会更加珍惜社群。

二、有领袖

任何社群都必须要有一个灵魂人物。上一节户外社群中的组织者，也就是那位著名的登山家，他就是社群的灵魂人物，是活动的组织者、发起者。几乎所有的活动，都是他制订计划、协调安排。另外，登山家还是社群里登山、探险经验最丰富的人，在社群中拥有非常高的人气和威望。一个社群，必须要有一个这样的登山家式的人物，领袖不仅提供了榜样的力量，而且为社群注入了灵魂。

三、有目标

任何一个社群，都需要有远大的目标。社群的发展，类似于企业的发展。企业想要取得发展，就需要制定企业发展目标；社群想要发展壮大、提升影响力，也要制定社群发展目标。

四、有纪律

俗话说，"国有国法，家有家规"，社群也要有纪律，没有规矩不成方圆。社群组织者制定纪律，社群组织者和社群成员必须共同遵守，才能帮助社群发展壮大。一个没有纪律的社群，犹如一团散沙，很快就会散架、消失。

五、有团队精神

为什么把团队精神单独进行强调呢？团队是任何人类组织发展的单位，没有团队也就没有社群。社群相当于一个团队，团队中的每个人都要有团队精神，乐于奉献，乐于分享。只有这样，社群才会有团队凝聚力，才能实现目标。

六、有信仰

信仰是一个很抽象的概念，或者说，信仰是一种精神力。对于户外社群而言，社群的信仰就是永无止境的攀登与冒险。当这种"精神"融入每个成员的血脉中，就会产生一种强大的精神力。在极寒的条件下，队员们不怕冷，敢于继续挑战；在危险的境遇下，团队不怕困难，可以相互协作，共同找到解决问题的办法。总之，信仰是社群存在的灵魂，没有信仰的社群，如同一个失去灵魂的人，没有了人生目标。

秦王会商学院合伙人潘振杰说过一段话，这段话是非常有意义。他说："价值观不相同，很难在一起合作。思维决定行为，思维不同频，行为更加不同。一个社群的运营，共同的价值观太重要了。价值观就是我们的底层逻辑，当底层逻辑不相同的时候，就特别容易起冲突。社群的主题、筛选，就是价值观统一的门槛。不是一家人，不进一家门。很多时候，我们追求社群人数的多，忽略了价值观的筛选，给后面的长久运营，带来非常不稳定的因素。遇到价值观不一样的人，如果不能转变，就只好舍弃了。"这段话干货满满，也从侧面证明了共同价值观对社群建设的意义。

第3节　社群定位的常见方式

社群帮助人们构建"圈子"。一个人的圈子有多大，人脉就有多大。社群是互联网时代下的产物，在互联网的催化下，它的功能也越来越强大。但是，想要成功搭建一个社群并不容易。它绝不是微信建群那样简单，微信群不等同于社群；同理，QQ群也不等同于社群。

有一个茶商，他拥有一个千人QQ群，几乎涵盖了某个城市的所有茶商。这个QQ群活跃度非常高，经常组织各种聚会。有一次，茶商组织线下聚会，有100多人报名。活动中，各个商家相互交换名片，互留手机号，看起来似乎起到了不错的作用。但是，聚会结束后，各个商家之间并没有实质性的联系，每一个茶商继续从事着原来的生意，其社会关系、商业圈子并没有扩大。群里的一位资深茶商说："群里的男女老少，除了吃吃喝喝，再无实质性交流。"

与这个千人QQ群不同的是，某商会会长创办了一个店老板俱乐部社群，拥有 3000 多名会员，极有人气。店老板俱乐部创始人徐会长是一个非常有头脑和想法的人，他对店老板俱乐部的发展有长远的规划，并且有详细的组织目标。店老板俱乐部经常组织店铺商业活动，如团购等，直接帮助有相关需求的店老板清仓。如今，这家店老板俱乐部的成员非常团结，俱乐部运转良好。

不管如何，组织者想要成功组织并运营社群，需要正确认识社群，并对社群进行准确定位。如何对社群进行定位呢？我想，我们可以从以下几方面入手。

一、规模

在前面的例子中，店老板俱乐部是一个拥有 3000 名会员的社群，社群规模比较大，还在继续扩大、发展，并且不断有新的店老板加入进来。社群管理者的目标是创建一个 5000 人的店老板俱乐部。不管如何，组织者应该对社群的"规模"进行定位。有一位从事母婴用品电商的年轻人，打算组建一个拥有 500 人的社群。于是，他开始社群的创建，经过两个月的搭建，他的社群拥有会员 493 人。还有一位樊登读书会的社群组建者，目标组建一个规模 100 人左右的打卡读书群。后来经过人员筛选，完成了读书社群的组建。如果一个人组建的社群规模较大，人数较多，就需要准备相关的管理工具对社群进行管理。

二、用户

用户是社群的关键因子，拥有一群高质量的用户，社群才能正常运转。因此，社群管理者需要对潜在的用户进行定位与分类。有一位宠物社群的管理者是这样筛选定位用户的：首先，他加入了许多社群，从社群中选出喜欢宠物的人作为潜在的目标对象；然后，他进一步了解喜欢宠物的人，并且从中找到喜欢养宠物的人（喜欢宠物与喜欢养宠物是两个概念），然后将喜欢养宠物或者拥有宠物的人拉进自己的社群。

三、方向

许多人都会问："这个群是干什么的？"社群有无方向，从名字上就能判断出来。社群"驴友骑天下"是一个典型的关于"骑行"的社群，从名字上就能准确判断。创建社群，就要明确这个方向，也就是创建社群的初衷是什么。曾经有个人创建了一个"大话城市"的社群，社群里的成员几乎没有什么有效互动，群主也没有给出明确主题，最后群主只能解散社群。确定方向，才能创建社群。有了方向，社群才能发展。

四、价值

创建社群之前，我们还要问自己一个问题："我要让社群实现怎样的价值？"有了价值定位，社群才能有价值；没有价值定位，也就无法实现社群的价值。没有价值的社群，也就失去了创建社群的意义。有一个著名的户外社群打出的口号是：让生活更健康。于是，这个户外社群组织的活动是健康的、安全的。只有这样，社群价值才能体现出来。一个有价值的社群，才会吸引更多的人加入社群。

五、文化

无论是创建社群，还是创建公司，都要对文化进行定位。百度百科关于企业文化定位的解释是："企业文化定位是指企业在一定的社会经济文化背景下，根据企业的发展历程、发展战略、人员构成、目前管理方面需要解决的突出问题等现状进行调查研究，对企业文化中的某些要素进行重点培植和设计，使之在公众或竞争者心中留有深刻印象，从而树立起具有自身独特个性、有别于其他企业的独特形象和位置的企业战略活动，是塑造企业文化的首要一环。"事实上，社群文化定位的意义也是如此。社群组织者只有对社群文化进行定位，才能创造社群文化。如果社群文化定位不准，社群的管理工作会非常艰难。

如果我们的社群组织者能够从规模、用户、方向、价值、文化五个方面进行定位，就能成功创建社群、运营社群。

第六章
提升社群的魅力值

第 1 节 "人格化"社群

社群是人的社群,必然蕴含着人性的因素。只有被人格化的社群,才是真正意义上的社群。"90后"创业者张天一在自己出版的《伏牛传:一个社群品牌的内部运营笔记》一书中写道:"你会加入一个社群、一个群组,都是基于某个共同的价值点,也就是之前提到的价值网络。那些价值网络不限于实体化的需求解决,还包含情感性的意义赋予。如同《人类大历史》的作者说的,'人类建构社会的基础源自于想象',想象是建构社会共识的起点。人格化则是建立在这样的基础上,以'人'为载体。这就会有另一个观点,那就是以'产品'为媒介来传递共同的想象。但那是一种传递的媒介,不是主体。"人格化的"东西"才具有人性生命力,才能吸引人、感染人。

如今,许多企业都在推行人格化战略,甚至也有一些年轻人将人格化战略运用到社群的搭建与社群的管理中。什么是人格化战略呢?就是一种以人格化和服务化为核心的战略。人格化,就是赋予人性,服务化就是提供服务。如果将人格化和服务化结合起来,就能形成一种战略。想要从社群中获取到所追求的价值,社群的搭建者应该避免三件事。

一、有人的地方不一定是社群

有人说:"社群就是人群,有人的地方,就是社群。"我想,这样的说法是不对的。社群不是人群,社群是由一群有共同信仰、共同爱好、共同协作的人组成的人群,它是一个类似于企业性质的组织,有目标、有计划、有制度、有方案、有服务、有配套等。只有这样的人群,才具有社群的雏形。

二、人多不一定是社群

前面我们介绍过,虽然有些群人数很多,也很热闹,但顶多算一个人们休闲聚会的场所。群管理员甚至因为疏于管理,使群内乌烟瘴气,给人们一种坏印象。这样的群,只是群,不是社群。社群并不是以人员基数进行判断和划分的,社群是一个目标化、规范化、标签化、人格化的群,这样的群才是社群。

三、相互发名片不一定是社群

有人说:"我们进群的目的就是为了相互发名片,然后提升一下自己的人脉。"抱有这样的目的进社群,未必会达成所愿。社群内的成员虽然会相互发名片,但是更多是发名片之外的事情,比如参与社群的活动,一起建设社群、完善社群,提升社群的功能,让社群给社群成员带来更多的帮助。许多资源群就是所谓的名片群,群内成员除了相互发名片之外,没有任何有价值的互动。没有互动和交流，也就无法引发社群效应。换言之，相互发名片的群，未必是社群。

人格化的社群都有哪些体现呢？通常来讲，人格化的社群主要体现在以下三方面。

第一，忠诚度高，有凝聚力。

人格化的社群是一个"家庭"，每一名社群成员相当于社群的家庭成员。众所周知，家庭成员之间的关系是紧密的、团结的，能够体现出一种家庭式的凝聚力。与此同时，每一个家庭成员都能积极提供资源，并为家庭提供有价值的服务。

第二，从中获得利益。

相互发名片的群的成员，他们互相发名片的目的在于拓展人脉，为自己找渠道、找出路，最终目的是解决"自身问题"。一个真正意义上的社群，社群成员之间的关系是一种合伙关系，相当于大家一起成立了一家股份制企业。只有这样，社群的规模才能不断壮大，社群的功能才能不断健全，才能帮助社群成员实现梦想，让他们从中获得利益。需要强调的是，社群也有社群利益，这种利益是一种公共利益。社群成员的个人利益与社群公共利益是相互关联的，只有社群公共利益得到了保障，社群成员的个人利益才能最大化。

第三，提供人性化服务。

服务是社群的本质之一。如果社群不能提供人性化的服务，社群的寿命也会大大缩短；如果一个社群能够向社群成员以及社群之外的人们提供有价值的、人性化的服务,这样的社群就能长期生存下去。

知乎会员拉莫斯皮尔在知乎"运营小干事"上发表了一篇名为《社群是人格化的群体》的文章,他这样说:"比如说我们 11Star 社群的核心是什么呢?是我们彼此的信任关系,走到了今天,我们理想村社群是大家对共享经济的一个思考,我们把它人格化的地方是我们彼此互为'土壤'。大家一起共享所有的东西,就是人格化的一些性格在社群中的体现。这是我跟大家讲的第一点,就是如何去做人格化的事情,而不是做人群化的事情,只有一群人是不够的,如果留学生这个群体没有具体的业务输出,这个社群是没有任何价值的。"这段感言很有意思,也说出了一些本质的东西。

第 2 节　有趣的逻辑思维

互联网时代也是一个有趣的逻辑思维纷纷出现的时代。许多年轻人都有自己的一套思维,有些思维是前卫的、先锋的,但是却符合这样一个迭代速度极快的时代。社群本身就是一种思维,我们可以称之为社群思维。北大博雅社群经济研究中心主任龙老思认为:"社群思维是围绕着爆品思维而提供服务的,因为爆品是站在产品的角度,而社群是站在营销的角度,营销是零,而产品是一,所以这个一，就是我们要找到这个痛点。但是往往在我们现实生活中，最可怕的是什么呢，其实就是放不下那个大众，比如说我们有一万名客户，只有一小部分人，比如说10%或者17%的人，是某一个有特定属性的人，这群人可能是很少的，那我们希望更多的这种思维跟过去的思维不一样，我们不要小众要大众。很多人在经营社群的时候，社群运营更多的是要抓头部，头部经过不断的筛选、不断的浓缩，最终形成有聚焦，聚焦以后才有动能，所以势能的形成并不是泛滥的，而是聚焦。当我们聚焦到某一个点的时候，这个时候势能就会产生，就会形成小众的裂变，由小众变大众，所以整个过程中社群其实都是在做减法。"

社群思维也是一种有趣的逻辑思维。许多商人都在营销方面找办法，深挖用户的需求点，想尽一切办法满足用户需求。但是，为什么营销依旧存在很多困难？难道仅仅是产品不够燃、不够爆？这些都是非常棘手的问题。就像龙老思提到的爆品思维，爆品思维也是一种互联网思维方式，或者说是社群思维的一种形式。我们用一个案例来解释一下什么是爆品思维。

有个叫周小毛的年轻人，工作一直不顺心，于是选择了辞职。后来，他看到周围的朋友做餐饮生意发了财，便有了开饭店的想法。于是，他对餐饮行业进行了深度考察，并且在靠近闹市区的一个社区租了门面房。经过几番考察论证，他准备开一家特色小龙虾店。

有人问："他为什么选择小龙虾呢？"如今，许多年轻人都爱吃小龙虾。小龙虾成本不高，味道不错，深受广大消费者的喜爱。撸串、吃小龙虾、喝啤酒也是年轻人的"夏日标配"。为了让小龙虾这道美食引爆社区，周小毛特意去四川、湖南学习小龙虾的制作方法，后来经过改良和调试，终于推出了一款特色香辣小龙虾。

周小毛还是抖音用户，几乎天天刷抖音进行宣传。很快，就有大量消费者进店消费。就在这个时候，周小毛推出自己的"优惠策略"：充值1000元，立刻送100瓶啤酒。现实中，还是喜欢"占便宜"的消费者更多。周小毛在优惠活动期间，成功营销了300多名顾客，也就直接给周小毛带来了30万元的运营资金。周小毛的生意越来越好，店面也随之扩大了一倍。有位顾客说："周氏龙虾最大的特点是个头大、味道足。在这条街上，就他家的小龙虾最值得推荐。"当然，周小毛的龙虾店并非只有这一款"爆品"，随后他还推出了特色烤牛骨髓。两个"爆品"彻底引爆了周小毛的龙虾店，让周小毛的餐馆上了当地热搜，而他的餐馆也变成了"网红打卡地"。

当然，周小毛还是一个社群运营高手。他将自己的会员顾客拉进了一个"霸道龙虾"的社群，周小毛经常在社区里发放各种面额不等的优惠券，甚至常常与会员们进行互动。社群会员几乎都是爱吃小龙虾的饕客，他们也会给周小毛提意见和建议。针对会员们的要求，周小毛不断对菜品进行改良。换句话说，周小毛能够抓住会员们的痛点，用一种"一针见血"的方式解决会员们的问题，为会员提供更为精准的服务。

除了爆品思维之外，还有流量思维。流量思维是互联网时代的新思维方式。只要人们能够提升流量，就能创造机会。许多社群管理者为了引爆流量，就会制造各种各样的话题，或者写一些"奇葩"段子，制造舆论。只要人们感兴趣，就会进入社群，一探究竟。当然，社群管理者还有许多奇思妙想，这些想法能够引发人们的兴趣，让人们持续参与，持续买单。这种思维方式不是一种以产品为主导的思维方式，而是以会员痛点为主导的思维方式，产品不再是产品，是一种解决会员痛点的方式，它可能是某一种"爆品"，也有可能是一种经营模式。有趣的社群思维不仅可以解决许多棘手问题，还能帮助社群管理者更好地运营社群、管理社群。

第3节　社群的多个闪光点

社群是一个能够给人带来希望的场所，它有着许多闪光点。2020年疫情期间，许多人被迫宅在家里，甚至还有一些人失业。

有一些人几乎把所有的时间浪费在各种休闲资讯和娱乐短视频上，以此舒缓紧张的情绪，但是他们不得不面对收入减少的困境。许多企业因业务减少、订单减少（尤其外贸行业），不得不缩减开支以渡过难关。还有一些人面临找工作或者创业的选择难题。但是，仍然有许多人在疫情期间提升了自己，并且实现了自我价值最大化的终极目标。

有一个年轻女孩叫沈怡，曾经是一名外贸业务经理。随着疫情初期公司的外贸业务减少，加之又遭遇运营难题，她被公司辞退了。众所周知，疫情期间非常难找工作，沈怡也面临这样的难题。没有了收入，还要面临还房贷的压力，她陷入了迷茫。

有一次，沈怡在微信群里聊天，有一个网名叫"浩博教育王老师"的人发了一条广告信息："跟我学英语，每天10分钟，21天让你掌握1000个英语单词，实现英文简历的撰写。"英语速成的学习班非常多，虽然也有夸大事实的成分在里面。但是，沈怡对这个线上英语学习班非常感兴趣，于是就加入了"21天轻松学英语"的社群。

进群之后，沈怡发现，群里的几位老师都很年轻，他们英语很好，而且有新颖的教学方法和教学模式。与此同时，他们的教材也十分人性化。于是，她尝试听了几堂课，发现了闪光点。其一，课时短，干货足。许多远程英语课课时长，依靠时长提升教学质量。但是课时太长，人们就会失去耐心，且学习的注意力也会下降。其二，收费低，采用单课时收费。换言之，只要你想听，就可以支付一堂英语课的费用。众所周知，许多英语课收费高，且按照学期收费，尤其在收入下滑的特殊阶段，人们更愿意尝试购买单节课程。其三，教学模式新颖。"21天轻松学英语"的教学模式是一种线上的全景教学，非常时尚，切入感非常好。正因如此，"21天轻松学英语"的社群非常火，学员很多，还有许多想要提升英语能力的年轻人准备加入这个社群。

沈怡从事外贸多年，经常与外国人交流，英文很好。后来，她与社群的管理者，即"21天轻松学英语"的创始人有了更深入的交流，沈怡问他："我能否加入你们的远程英语教育中心，做一名授课老师？"这位创始人对沈怡说："只要你能够通过我们的线上面试和笔试，就能加入我们。"一周之后，沈怡顺利通过了线上的面试与笔试，接到了聘书。一度失去工作面临艰难选择的她，通过社群找到了一份非常满意的工作，这份工作是线上工作，完全可以在家里上班，且收入稳定。

社群帮助沈怡找到了工作。疫情过后的一年，沈怡已经是"21天轻松学英语"的高级合伙人，并且是社群的管理员之一。她的事业蒸蒸日上，人脉圈子也扩大了很多。

社群还有哪些闪光点呢？在我看来，一个优秀的社群，一定是一个有温度的社群。作者唐晓涵在自己的公众号平台上写了一篇名为《社群运营要有温度》的文章，他写道："我曾经写过很多关于社群运营的思考，自己也运营了多个付费社群，刘老师的社群让我开始反思过去的一些实践，抛开那些套路、干货、财富商机，抛开那些表面的利益关系驱动，我们确实应该回归到人与人交往的基础——真诚、利他、初心。社群不仅仅是社群、社交，还是经营一种'关系'。一个健康的、长寿的社群是基于互动才有价值的自生式生态系统，它既能满足成员的某种价值需求，又能给运营人员带来一定回报，这样才能形成良好循环。群成员之间能形成自组织自运行，自发产出高质内容，从而实现社群目的，并且体现巨大价值，达到真正的'无为而无不为'，这才是社群的最高境界。"一个有温度的社群，一定是真诚的、利他的组织。当然，利他是一种公益，体现了优质社群的公益价值；而那些具有商业价值的优质商业社群，是一种互利的社群，人人都可以获利，组织方可以获利，参与方也可以获益，社群本身也能产生足够大的衍生价值。

如今，有一些企业也在参与社群运营。企业社群更具有社会影响力，也能给更多人创造机会。当然，我们无法用一篇文章展示社群的所有闪光点，但是用心做好社群，就可以创造出更多的可能。

第 4 节　一封温馨的邀请函

如今，各大社群风起云涌。有的社群门槛很高，想要加入这样的社群，就非常困难，申请人本身需要达到进入该社群的门槛。还有一些社群采取管理员直接邀请会员的方式吸纳成员，社群管理员需要向邀请对象发送邀请函，以此实现邀请某个人进入社群的目的。

有一位姓马的文学爱好者，他创办了一个名为七彩贝的文学社，这个文学社就是一个社群，并且由自己担任文学社的社长。虽然这位马社长有雄心壮志，但是社群里的高手不多，社群只能维持原状。后来，有一位文联的朋友告诉马社长："与其静等，倒不如主动出击，邀请一些大咖进文学社，让他们做名誉会长和顾问，参与到七彩贝的建设中来。"马社长听从了朋友的意见，便开始向文学圈知名的写手、作家发出邀请。他邀请的第一个人是省作协的签约作家，有多本著作畅销，在圈内有一定的影响力。

马社长为了成功邀请他，也是费尽心血，并写了一封长达三千字的邀请函。

敬爱的刘希刚（化名）同志：

　　您好，久闻大名，一直捧读您的小说和散文。作为一位您的粉丝，曾经参加过您的图书签赠会。读您的书，我受益良多，并开阔了眼界。是啊，人生就是如此，但是快乐的人生才能拥有希望。您的书中充满了人生智慧，字里行间闪现着人性的力量。

　　我也是一名文学爱好者，特别喜爱文学，偶尔也进行创作，还有一颗未老的文学之心。虽然我没有天赋，但是作为一名默默耕耘者，希望为更多怀揣文学梦的年轻人做点事。于是，我创办了七彩贝文学社。现如今，文学社拥有140名成员，"80后""90后"年轻文学爱好者占据多数。他们需要一名高水平的文学导师去指导他们，让他们的文学梦的火苗长久地燃烧下去。于是，我向您发出诚挚的邀请，希望您能担任七彩贝文学社的顾问，帮助年轻的文学爱好者成长，也为小小的七彩贝文学社点亮一盏明灯。

　　……

　　邀请函以传统信件的形式邮寄给居住在异地的作家。作家看到邀请函，被马社长的真诚所打动，于是回复了一封同样很长的回信，表示自己愿意接受七彩贝文学社的邀请，担任七彩贝文学社的顾问一职。专业作家的进入，让七彩贝文学社的影响力和知名度有了明显提升。后来，马社长又用同样的方式邀请了三名有一定文学地位的专业作家。如今，七彩贝文学社已经成为一个非常有名气的文学社群，并且每个季度推出一本内部刊物，刊登社群成员的优秀作品。在七彩贝文学社的帮助下，许多年轻文学爱好者真正走上了文学创作这条道路，甚至成为省作协会员、图书工作室的签约作者。

七彩贝文学社的成功在于马社长一封又一封的邀请函。为什么他所撰写的邀请函具有如此好的效果呢？我们可以用两个词来形容马社长的邀请函——温馨、真挚。

什么是温馨呢？温馨一定是温暖的。温馨的邀请函，字里行间充满了温暖，这种温暖能够给对方一种舒心、舒服的感觉。什么是真挚呢？真挚是真诚与爱心的结合，真挚能够给对方一种真诚和爱心，让对方为之感动。俄国思想家柯罗连科认为："当一个人不仅对别人，甚至对自己都不会有一丝欺骗的时候，他的这种特性就是真挚。"邀请本就是"托付他人"之事，更加需要社群的管理者向受邀人发出真挚的、温馨的邀请。

还有一些邀请是不真挚的，完全体现不出组织者对受邀人的尊重。有一个科技类社群，社群需要几位科技专家进群解答问题。于是，社群的管理者向几位科技专家发出了邀请。其中一位专家看到宴请函之后哭笑不得，他说："原本我还以为是一封真诚的邀请信，没想到只是一个类似于'结婚请柬'的邀请书，只有一个名字，连一句真挚邀请的话都没有……"于是，这位专家拒绝了社群组织者的邀请。还有一位受邀的专家这样说："邀请都是有'代价'的，许多大学邀请'学者'担任客座教授，也会提供丰厚的待遇。当然，我说的不一定是金钱方面，更多是精神方面的'待遇'。如果邀请人没有真诚的邀请之心，就不要对其他人发出邀请，这是对我们的不尊重。"于是，这位专家也拒绝了这个社群的邀请。

翻译家傅雷说过一句话："有了真诚，才会有虚心，有了虚心，才肯丢开自己去了解别人，也才能放下虚伪的自尊心去了解自己。基于了解自己、了解别人之后的爱，才不是盲目的爱。"社群管理者只有放下虚伪的自尊心向对方发出诚恳的邀请，并书写一封温馨和真挚的邀请函，才能打动对方，让对方加入你的社群。

第 5 节　一群有创意的小伙伴

社群还是一个创新集中营，有创意的社群才能吸引更多人加入进来。"创意周末"的创始人姚自成认为："现在的移动互联网用户日益年轻化，他们极具个性，往往不满足于以往的逛街、吃饭、人挤人的无聊活动，所以创意生活、创意社交将成为用户新的关注点，我们希望能为用户提供最具创意的玩法，搭建创意周末体验大本营，打造最具创造力的社群，引导用户的生活过得充满创意和趣味！"创意周末社群也是国内非常有名的社群，与此同时，该社群的运管团队还开发了客户端，满足社群成员的日常交流。当然，一个好玩的、有创意的社群，离不开一群有创意的小伙伴。换句话说，只有一群有创意的小伙伴，才能组织、搭建有创意的社群。

有这样一群年轻人，他们酷爱时尚，喜欢尝试各种各样的新奇事物，于是创办了一个"奇怪盒子"社群（化名）。这个社群有五个创始人，这五个人分别来自不同的行业，但是都有一颗爱时尚、爱潮流、爱创意的心。

周洋，27岁，"海归"，从事广告媒体行业。周洋的广告公司也是一家非常有创意的公司，总会给客户带来不一样的感觉。他认为，创新才能引领生活。在"奇怪盒子"社群中，他主要负责广告媒体推广宣传工作，利用自己的创意和媒体渠道，为"奇怪盒子"进行宣传。

陈浩睿，25岁，名牌大学毕业，一直从事美术创意工作，自己有一家人气不错的工作室。陈浩睿是学油画的，他的油画作品非常另类、抽象，但是市场接受度和认可度非常高。陈浩睿在"奇怪盒子"社群中开设了公益美术课，免费教孩子们画油画，并且将自己的创新思维传递给孩子们。陈浩睿的公益美术课也给"奇怪盒子"带来了人气。

王静波，30岁，国内某知名企业的产品设计师。从事一线产品设计工作的他，一直对创意有深刻的认识。他说："创意是一种创造，它能给人们带来不一样的东西和不同寻常的感觉。如果市场上售卖的冰淇淋都是香草口味的，为什么不能推出一款朗姆酒口味的冰淇淋呢？"人人都有猎奇心理，当一个新奇的事物出现在人们面前，就能引发人们关注。王静波在"奇怪盒子"社群中担任新产品的研发与推送，是"奇怪盒子"里的核心人物。

穆静，27岁，一个鬼点子非常多的女生。她是一家网络平台的主播，拥有百万粉丝，她总有新奇的观点通过直播的形式传播给其他人。"奇怪盒子"社群拥有自己的直播平台，穆静亲自担任直播这项工作。如今，"奇怪盒子"拥有众多粉丝和会员，这些粉丝和会员几乎也是穆静的粉丝。

冯艳艳，25岁，"海归"。冯艳艳在欧洲某著名艺术类院校学习音乐，毕业回国后，从事自己热爱的音乐工作，而且还拥有自己的音乐工作室。冯艳艳拥有一定的人气，且能编能唱，非常有才华。"奇怪盒子"影音方面的工作，由冯艳艳完成。

周洋、陈浩睿、王静波、穆静、冯艳艳相当于"奇怪盒子"的五虎上将，每个人都有出众的能力。与此同时，五个人有着不同的分工，各自负责其中一项。当这五个岗位各自形成一张拼图，再将五张拼图拼在一起，"奇怪盒子"就产生出前所未有的吸引力。

如今，"奇怪盒子"拥有数万会员。会员们不仅能够在"奇怪盒子"里找到自己想要的东西，而且还能将自己的创意带进"奇怪盒子"，"奇怪盒子"的工作人员再将这些创意转化成产品或者服务。

作家于一出版过一本名为《马云创意笔记》的书，书中写道："好的商人不在于他的梦想多么伟大，但是他的梦想必须是独特的，任何一个成功的企业家，从第一天起都有一个奇特的梦想。90%的人都认为这条路很开阔，但是人多了就会拥挤；相反，如果是一条崎岖的小路，可能会越走越宽。听说过捕龙虾获得财富的，但是没听说过捕鲸获取财富。阿里巴巴发现了金矿，但是绝对不会自己去挖，而是希望别人去挖，别人挖了金矿给我们一块就可以了。阿里巴巴一贯以来倡导的是蚂蚁雄兵、口碑相传，帮助客户成长，让他们去推荐，客户推荐的才是真的好。"马云的成功在于他拥有无限创意，并且将创意转化为产品和服务。一个优质的社群同样需要一群敢想敢做的小伙伴，只有不断创新，社群才有生命力。

第七章
搜寻客群，发现利基

第1节　社群的利基：客户群体

商业型社群运营，离不开客户。社群管理者精准找到客户群体，才能找到社群的利基。

有人问："什么是利基？"百度百科给出了一个利基的标准概念：利基是指针对企业的优势细分出来的市场，这个市场不大，而且没有得到令人满意的服务。产品推进这个市场，有盈利的基础。在这里特指针对性、专业性很强的产品。按照菲利普·科特勒在《营销管理》中给利基下的定义：利基是更窄地确定某些群体，这是一个小市场并且它的需要没有被服务好，或者说"有获取利益的基础"。社群营销有两大元素——产品（服务）和客户，只有产品没有购买产品的客户，无法产生商业利益；只有客户没有针对性很强的产品（服务），也无法产生商业利益。对于社群管理者而言，想要打造商业型社群，就必须拥有一定数量的客户。

有一个年轻人叫周建东，从国内知名美院毕业，是某艺术经纪公司的签约画家。除了经营自己的油画事业外，周建东还想筹建一个油画培训班。最初，他建了一个油画兴趣班的微信群，在群里义务教授简单的油画课。许多零油画基础的绘画爱好者加入了油画兴趣班微信群，给周建东的社群带来了一定人气。

周建东认为，想要让油画兴趣班产生商业利益，就要让群成员变成客户，这样的转化才能带来效益。周建东选择了一个"公益+收费"的模式。每周一堂90分钟的线上公开课，吸引了200多名社群成员定时观看。由于周建东的公开课非常简单，但是很专业，凡是上过课的社群成员，都有不同程度的收获。此时，有一些会员问周建东："周老师，难道只有成人课吗？如果有青少年课，你能不能成立学习班，我们把孩子送到你这里，你完全可以按照市场行情进行收费！"其实，周建东就是在等这样的机会。于是，周建东在社群里发出通知："少年初级班每周2节课，每节课50分钟；少年中级班每周2节课，每节课50分钟；成年初级班每周2节课，每节课50分钟；成年中级班每周2节课，每节课50分钟；成年高级班每周2节课，每节课50分钟。"原本，周建东认为报名的学员不会很多，毕竟当下各种美术培训机构很多。但是令他没有想到的是，他的学习班期期爆满。

周建东的美术班成功运营，不仅是油画社群成功运营的标志，而且还与周建东能够精准挖掘客户群体有关。第一方面，周建东创办的油画社群是"油画"标签的垂直社群，这源于周建东的画家身份，以及他过硬的油画功底。第二方面，周建东的社群能够提供非常专业的油画教育服务，深受群成员的喜欢。第三方面，周建东的社群里几乎都是对油画感兴趣的会员，他们愿意花钱购买周建东的油画课程，或者为自己的孩子报名收费的学习班。

有人问："周建东是如何获取到客户资源的？"获取客户资源的方式、方法有很多，我们将在下面的章节中进行详细讲解。想要通过社群创造利益，就必须了解客户群体，明确自己的社群需要哪一些客户群体，以及如何对客户群体进行分类。有一位企业家说："并不是所有具有购买力的人，都是消费者！"有的人有很强的经济实力，但是他只会把钱投到自己感兴趣的地方，而不会平白无故打水漂；有的人不具备一定的经济实力，但是仍旧会为自己的需求买单。社群创建者创建怎样的社群，推出怎样的产品和服务，与产品和服务对接的，就是对此有需求的客户。周建东的客户群体是对油画绘画感兴趣的人，这些人自然而然就会变成周建东的客户。虽然周建东不是商人，但是他精准地找到了一群喜欢油画的人，这群人就是周建东的客户。与此同时，周建东的"画廊"也是精准吸引客户群体的地方。凡是去画廊看油画的人，几乎都是喜爱油画的人，要么是同行，要么是爱好者，要么是油画经纪人。

有一个叫水心的作家写过一篇名为《马化腾：腾讯的成功，主要是HR"产品经理思维"的成功》的文章，文章写道："既然是一款产品，那么就要有开发者和设计者，也要有用户群体。在腾讯，HR的用户就是全体员工和各级管理者，当然也包括马化腾本人。因此，马化腾不仅是CEO（首席执行官），也是公司人力资源执行委员会主席。HR只有明白了自己的用户群体，才能精准获取用户的需求、诉求、心声，并采取行之有效的方法来满足用户的需求。"企业的运营与社群的运营是一样的，企业的商业运营管理与社群的商业运营管理也如出一辙。只有真正领悟了社群营销的内涵和意义，社群的管理者才会去主动寻找客户群体，才能创造出更多的价值。

第2节 搜寻客群之"进其他群"

如今，许多年轻人为了精准寻找客源，都在"疯狂"进群。有人问："这种办法有用吗？"在我看来，这种搜寻客户群的方法是有效的，而且成功的例子比比皆是。

有个从事茶叶销售的女孩，名叫叶文文，她的家人全都从事茶叶生意，也有自己的茶厂和茶叶种植基地。茶生意是传统商业，用叶文文的话说："租一间房子，开一家茶馆，就有茶客上门买茶！"随着时代的发展，许多传统商业逐渐从线下转移到了线上。叶文文的茶馆生意越来越冷清，她非常着急。

后来，叶文文在淘宝商城开通了店铺。但是，并不是所有的线上商城都有大量的生意上门。叶文文的淘宝店生意一般，如果花大量的钱去做广告和店铺推广，她也无力承担这样的开支。后来，叶文文听说有人做社群推销茶叶，并且做得非常成功。在别无选择的情况下，叶文文打算进行尝试。最初，她让朋友介绍了一些微信群，偶尔也会在微信群里推送广告，但是广告效果一般。此时有朋友告诉叶文文："并不是所有的群都喜欢广告，你去一些广告群吧！"在朋友的建议下，她进入了一些商业推广群。

在商业推广群里，叶文文坚持每天推送广告、发名片。随着时间的延长，叶文文也逐渐变成群里的"老面孔"。商业推广群里有一个老板，从事电缆生意，每年需要购买大量礼品。有一天，这位老板在群里问叶文文："你是茶叶店主，还是代卖推广？"叶文文说："我是茶馆老板，而且家里有茶厂和茶叶种植基地，产供销一体的。"后来，这位老板与叶文文谈成了茶叶购销业务，一次性从叶文文的茶馆购买了300套价值12万元的茶叶礼盒。

如今，叶文文加入的各种各样的商业群有几百个，从商业群里挖掘到几十名客户。叶文文每年能在这些客户身上挖掘出茶馆总销售额的60%。换句话说，叶文文的大多数客户来自微信群。

如今，几乎人人都在玩各种各样的群。群就是人群聚集的地方，有人群的地方就能产生商业经济。细心的人们都会看到，有些群的群管理员为了推广、宣传自己的群，会提到以下四点。

一、实名认证

社群（微信群）能够做到实名认证吗？当然，这可能是一个噱头。许多微信群有这样的要求和规则，而"实名认证"也是未来社群（微信群）运营管理的发展方向。实名认证的群更加正规，能有效降低犯罪率，尤其是金融诈骗类案件。

二、对接高效

如何理解这四个字呢？对接意味着精准，高效意味着效率，对接高效四个字说明社群具备的价值。

三、人脉剧增

商圈就是人脉圈，谁的人脉越广，谁就拥有更多赚钱的渠道。许多人认为赚钱不是一件好事，这是价值观存在问题。我想，获得财富能让一个人的生活变得更好，金钱不是罪恶，只要赚钱的方式合理、合法、合规就行。人脉剧增从侧面说明，群可以让一名群成员认识更多人，接触到更多商业渠道。就像上面故事中的叶文文，在微信群中结实了许多客户，并提升了自己的人脉关系，而且提升了茶叶的销售量。

四、流量变现

在流量为王的时代，流量就是"现金"。许多人通过创办社群制造流量，收割流量，将流量变现。

有人问："群是一个好地方，但是如何才能进群呢？"故事中的叶文文告诉我们，有三种进群渠道。

第一，朋友邀请。每个人都有朋友，朋友还有朋友，朋友邀请进群是最简单、最快速的方法，而且几乎每个人都是通过朋友拉进或推荐进群的。

第二，互换群。在下面的章节中，我们将具体介绍互换群。互换群的常见方式是：甲拉乙进几个群，乙拉甲进几个群。用这样的方式进群，会产生裂变效应。有一些年轻人，一天之内可以进入数百个群。

第三，搜索群。如今，许多人都在互联网社区里推广自己的群，如豆瓣、天涯、虎扑等著名社区，推广者推广自己的群，诚邀社区会员进群。因此，人们完全可以去著名的社区寻找各种各样的群，再选择性地加入进去。

开淘网上有一篇名为《推广微信群的作用与好处是什么？》的

文章，作者这样写道："微信群与朋友圈相比，最大的优势就是大家沟通更加方便，特别是对于一些喜欢观望的客户，能够在微信群里看到大家对于产品的评论、销量，及使用的效果，对于他们来说就是一种潜在成交的促成，而且效果非常好。我之前也会在微信群里组织一些小活动，售卖一些实用的小东西，价格便宜，一般放进微信群就立刻被抢光了，我们一般把这种现象称为带动效应，效果好的话，一天销量破万都不是问题！"由此可见，进群找客户是一件很靠谱的事情。

第3节　搜寻客群之"网海捞针"

如今，许多人都在从事线上工作，无论是营销还是服务，抑或是组建社群，都离不开网络。有个成语叫大海捞针，从某个侧面说，大海捞针表现出一种"锲而不舍"的精神，而且还体现了一种"技艺"。人们从互联网上寻找客户资源，也是一种大海捞针。《2020年中国互联网发展趋势报告》提供了一个统计数据："2020年2月，中国互联网用户已达10.8亿，下沉市场流量争夺已经结束，适龄人口的互联网化进程已完成，但市场仍然存在增长机会，10岁以下与65岁以上的低幼人群及银发人口达3.2亿，低幼市场与银发市场仍然存在增长机会。新冠肺炎疫情期间，娱乐、生鲜食品、在线办公、在线教育、医疗资讯等线上需求强劲，带动相关互联网平台收入和业务量大幅增长，支撑整个互联网和相关服务业维持正增长态势。2020年1—2月，规模以上互联网企业营业收入1311亿元，同比增长4.5%，互联网行业营业收入正式迎来个位数增长时代。"从这个数据可以看出，与互联网相关的用户数量和经济体量都是巨大的。对于致力于社群建设和社群营销的人而言，如何才能从互联网海洋中"网海捞针"呢？其实方法有很多，我们介绍以下几种。

一、线上推广

许多社群管理者都会去各大社区、网站等推广自己的社群，以此吸引新成员加入。有一个教育社群的群主，制作了社群二维码名片，在许多社区、网站留言板进行推广。原本社群只有20人，不到一周时间就吸引了400多名新成员的加入。这种方法简单、直接、高效。还有一些社群群主在推广自己的社群时说："加入我的社群有三大好处，一是提升你的人脉，二是让你的业务高效对接，三是将获取的流量进行变现。"因此，许多有相关需求的人就会加入进来，逐渐形成一种"聚集性"的优势资源。

二、软件推广

如今，还有许多网络推广软件，这些软件也能高强度、大面积、高频次地进行推广。如果社群管理者有一定的资金，可以直接购买软件进行推广，或者直接购买网络推广公司的服务进行推广。

三、大数据平台获客

对于一些大型企业而言，采用大数据平台进行获客是非常好的办法。微信公众平台金融科技智库曾经刊发过一篇名为《大数据精准获客策略》的文章，文章中写道："在大数据弥漫的今天，我们仿佛看见了眼前影影绰绰的都是客户，但当你伸手去抓，却发现寥寥无几，是什么原因让我们的客户变成了镜花水月？主要原因，还在于对客户的把握不够精准。了解客户画像是精准获客的第一步，这一步并不难。但构建客户画像，你真的做到位了吗？用户角色便是一种抽象的方法策略，是目标用户的集合；用户画像则是用户信息标签化总集。用户画像的核心工作就是对用户分类、打标签，通过一系列标签把用户呈现给业务人员。首先，让业务人员了解目前我的客户是什么样的群体。接下来，便是最古老的手段——营销获客。从粗放式到精细化，用户画像将用户群体切割成更细的分类，辅以短信、EDM、活动、流量端等手段，使用关怀、挽回、激励等策略，古老的营销方式因为基于大数据的用户画像，而变得精彩异常。"当然，用户画像这门技术已经不需要我们亲自去做，只需要交给大数据平台即可。也有人问："如果是个人业务呢？"个人业务也可以采取大数据平台获客。有互联网检索经验的人都知道，只要你在百度等搜索引擎网站上查找大数据获客，就能找到许多提供大数据获客服务的网站或者公司，人们可以直接与这些公司或网站进行合作，购买相关服务。

四、社交圈引流

有人问："有没有低成本或者无成本的获客方式呢？软件推广需要花钱，大数据平台的服务购买需要花钱，毕竟还有许多社群是'公益组织'，没有足够的资金。"其实，低成本或者无成本的获客方式也有很多。有过微商经历的朋友都知道，他们会定期在微信朋友圈里更新产品和服务内容。如果朋友圈的朋友对该产品（服务）感兴趣，就会留言咨询。社交圈引流的方式也有很多，如在新浪微博、腾讯微信、QQ说说上进行引流，还可以在一些垂直社区内进行精准引流。有一位知名的社群负责人说："只要功夫深，铁杵磨成针。说到底，引流工作烦琐而漫长，需要社群管理者们有一些耐心，坚持到底，总会有收获。"

以上四种方法是常见的"网海捞针"的方法，还有更多的方法我们将会在后面的章节中逐一介绍。

第4节　搜寻客群之"换群共赢"

许多人都在各种微信群里换群，为什么要换群呢？其实，换群不是目的，换群只是为了用这种方式进入更多微信群，从更多微信群里认识更多人，把认识的人转化成自己的人脉。

换群是共赢的，双方都不会遭受损失。有一个叫陈春华的人，他是一名陶艺师，有自己的窑口和展厅。为了让自己的生意好一些，他创建了一个陶艺群，一方面经营自己的陶艺工艺品，另一方面推广陶艺文化。他经常在群里组织线下活动，比如邀请群成员来自己的陶艺工作室参观、学习陶艺制作等。这些活动都是免费的，相当于他在陶艺群里组织的福利活动。但是，他的产品营销依旧不够好，他需要参加更多活动，认识更多对陶艺感兴趣的朋友。

　　后来，群里有位朋友建议："小陈啊，你还要多认识一些人，多进一些群，多推广推广自己才行。"陈春华虚心接受建议，于是开启了换群行动。他说："如果你的朋友喜欢你的群，而他手里还有其他群资源，倒不妨互相拉几个群，共享一下人脉资源。"通过这种方式，陈春华进了200多个新群，这些新群都是与陶艺、茶文化、禅文化相关的群。

　　陈春华非常勤奋，每天都在这些群里进行推广。当然，他并不仅仅推销产品，还推广中国的陶瓷文化，推广自己的工作室和社群活动。久而久之，陈春华的推广和推荐产生了效果。其一，他的社群规模扩大了两倍。其二，他的产品销售量增加了一倍，并且计划进一步扩大产能。其三，他的工作室名气越来越大，受到更多人的关注。

　　科技领域创作家郭静写了一篇名为《为什么微信上最近流行换

群？换群的目的是什么？》的文章，文章写道："何谓换群呢？即同在某一个微信群的陌生人添加好友后，会将你拉进他（她）的微信群内，同时要求你也提供一些微信群可以给他（她）加入。这些人之所以会要求换群，第一个目的就是为了拓展人脉，据朋友圈的反馈来看，确实有些商务、推广等从业者会为了拓展自己的人脉而去跟其他人换群。很多互联网行业从业人员都会建立自己的人脉圈，一方面能够拉近和朋友们的关系，另一方面也可以通过微信群获取更多与职业有关的信息，特别是一些热点信息或者与行业相关的事件，多人智慧将会体现出不一样的视角。对于这些加群的人来说，一个微信群中，一个人能够最多加 499 名好友，如果能在这个群内通过换群的方式获得四五十个人的通过和拉群，那么就等于一下子获得了几十个微信群，这意味着其人脉资源一下子就扩大了不少。"

虽然换群的好处多多，能够给彼此带来人脉和渠道，但是也有一些棘手的现实问题摆在面前，这些问题得不到妥善解决，就会带来风险和麻烦。

一、并不是所有人都值得信任

有一些人一直提供假身份、假名片，其目的在于诈骗。在微信群、QQ 群里，也有一些骗子利用换群的形式，对更多人实施诈骗。如果你对对方的身份不了解，请不要轻易做出换群决定。在我看来，换群是朋友之间的共享，双方知根知底，相互熟悉，对对方的人品是认可的，能够完全了解对方换群的目的。只有这样，才能降低诈骗带来的风险。并不是所有的人都值得信任，并不是所有的换群行为都能带来好的结果。

二、换群并不一定能真正带来人脉

许多人认为换群就能换来人脉，这个观点是错误的。首先，人脉是一种信任前提下的资源渠道。换句话说，只有双方相互信任，才能产生人脉关系。其次，人脉是长期维护的结果，不等同你认识多少人，而是等同于你认识并与多少人建立了信任关系。换群的目的不仅仅是为了多认识人，而是与更多人建立起彼此信任的关系，这样才能建立人脉关系。

三、群多的烦恼

我有一个朋友，为了拓展业务关系，加入了不少群，也通过互相拉群的方式认识了许多人。但是，这位朋友最近非常烦恼，他说："没想到，我的微信里天天充斥着各种垃圾新闻和垃圾广告。更没有想到，有时候我还要在群里留言、点赞、点各种链接，只是为了维护所谓的'友谊'。"于是，我的这个朋友退掉了许多群，只保留了几个。群少人脉少，群多也会烦恼。想要把握好这个平衡，需要理智做出取舍。因此，人们不要盲目地换群，要有计划地去换群，彼此互换一些高质量的群，控制拥有群的数量。只有这样，才能减少烦恼，并且充分利用自己的时间和精力在群里发展人脉。

总体而言，互换群是一个趋势。人们发现了社群的意义和价值，就会通过换群共赢的方式进更多的群，以此寻找客群。

第5节 搜寻客群之"线下互动"

线下互动也是一种搜寻客群的方法，就像前面我们讲过的很多故事，许多社群管理者都会组织线下活动，通过线下互动的方式拉近人与人之间的距离，增进人与人之间的情感，将目标客户转化为客户。

有一位朋友老王从事山地自行车的组装与营销工作，同时还有自己的户外骑行俱乐部。自2016年成立俱乐部，已经发展了300多名会员。老王经常组织线下活动，不久前又组织了一次骑行线路研讨会，讨论318国道骑行线路。这次讨论会非常热闹，参加讨论会的成员很多，他们都是酷爱山地车运动的朋友，甚至每个人都身经百战。

在这里，也必须提一提老王。老王是一名资深的骑行爱好者，懂线路，懂骑行设备，更懂得户外救援。换句话说，老王不仅是这个社群的组织者，也是这个社群的核心人物。老王非常推崇318国道这条中国难度较大的骑行线路，他说："这条线路沿途风景是非常美的，高原、草甸、雪山、湖泊尽收眼底。我们骑行中国，不就是为了看看美丽中国吗？这条线路从低海拔到高海拔，从成都出发到拉萨结束，全程需要20～30天的时间，既能考验我们的意志力，还能锻炼我们的心肺功能，让我们逐渐适应高海拔气候。当然，还有一条关键因素。这条线路是非常成熟和安全的骑行线路，沿途有旅馆和餐馆，并且也有急救中心，可以给我们的骑行提供安全保障。"在老王的建议下，许多人积极响应，也有许多人提出自己的看法，这次线下活动组织得非常成功。成功的线下活动给老王带来了哪些好处呢？

一是社群持续火爆。

社群的活跃程度决定着社群的生命力。老王每个月组织一次活动，都会得到群成员的积极响应。线下活动也会引发线上效应，这也是互联网时代的一个重要特点。火爆的社群产生了较大的影响力，老王的社群规模越来越大，会员越来越多，组织线上、线下活动的次数也在增加。

二是带来了营销量。

老王的每一次活动都与户外骑行有关，而他本身也是骑行设备的销售商，信誉好且非常专业，骑行设备的销售价格适中，深受俱乐部会员喜欢。因此，每一次骑行活动开启前，俱乐部的会员就会检查自己的骑行设备，进行查缺补漏。还有一些新成员接受老王的推荐，直接从他的店铺购买新产品。几乎每一次线下活动，老王都有稳定的出货量。

三是将会员转化为老客户。

老王非常懂得关系的维护，这也是发展社群的关键所在。除了定期组织活动之外，老王也会主动帮助一些需要帮助的人。正因为如此，老王的人品得到了众人的认可，许多会员会直接在老王的商店内购买商品，久而久之就变成了老客户。会员们说："老王组织得力，是个自行车骑行的行家，有问题找他准行！"

百度平台CN社群有一篇文章，文章的名字叫《如何做好一场微信社群线下活动》，文章写道："俗话说，线上聊一年，不如线下见一面。用手机聊得再火热，始终还是隔着一个屏幕，线上沟通有其迅速与方便的优点，线下沟通则有立体感、温度、真实等好处，所以在我们运营社群一段时间后，除了线上的活动，也要进行线下活动，这样的社群才更有温度、更团结。一场成功的微信社群线下活动，一定是有一个优质的主题。一个吸引人的主题的要符合社群的文化，来吸引人们参与。定好活动主题后，接下来就要制定活动规则了，所谓没有规矩不成方圆，一场活动的福利和奖品毕竟是有限的，所以这个时候就需要一个明确的机制，设定规则，来让用户参与。规则不能复杂，要简单清晰。有了主题，设置了规则，接下来最重要的就是执行了，没有执行一切就等于0。所以一场好的线下微信社群活动，执行也是非常重要的，在活动筹备期间就把组织工作做好，进行探讨和沟通，提前准备物料、场地、设备。只有准备充分，才能打造一场成功的线下社群活动。"上述这段文字的作者告诉我们，组织线下社群活动的意义和基本步骤。当然，我们还会在后面的章节中进行详细讲解和补充。

线下活动是一场有互动的"见面会"，只有见过面，才能对彼此印象深刻，形成记忆。俗话说，"营销的第一印象很重要"，如果社群的组织者给会员们留下了良好的印象，就会从社群中挖掘到客户资源，或者通过参加其他社群的活动找到客户渠道和人脉关系。

第八章
利基，就是培养一群铁粉

第 1 节　社群与铁粉

社群的利基，就是培养一群铁粉。社群的概念前面我们已经讲过了，本章节我们不再赘述。人人都是产品经理的原创写手Bruce2047写了一篇名为《从认识社群到玩转社群的五个步骤》，文中写道："做社群运营，最重要的是要彼此赋能。很多社群过早死，不活跃，本质的原因大致都是这一点。一个粉丝社群是如何做到赋能平衡的？这需要在一开始时，就规划好社群中不同层次的角色应该付出什么？相应地获得什么？社群角色的付出和收获平衡一旦被打破，整个社群的赋能平衡就会被彻底破坏。持续地为社群赋能，然后收获到自己想要的东西。比如，我会在社群里举办每周翻转课程分享，每一个社群成员都可以申请成为嘉宾，来我的"200万+人气"的直播间讲课。对于社群用户来说，他们为我提供了内容，而我也为他们提供了平台和资源。大家同时付出，彼此收获，能量得到平衡，社群越滚越大，口碑越做越好。"这段话非常中肯，而且是一名资深社群管理者的经验之谈。社群离不开人，社群应该是一个粉丝社群。在这样一个粉丝社群里，粉丝共同维护社群的利益，在社群里分享各自的优势资源，推动社群向前发展。但是有人会问:"人人都知道社群需要铁粉,但是铁粉从哪里来呢?"铁粉不是凭空产生的,铁粉的产生要看社群管理者的本领。

有一个年轻人叫侯瑶,是一个玩抖音直播的高手。侯瑶的直播非常有趣,而且观点鲜明。她说:"我的偶像是papi酱,她的直播非常有趣,而且总能给观众提供一些有价值的观点。所以,我也想做这种风格的直播,然后再做一个属于自己的社群。"侯瑶有自己的发展方向,并且非常有想法。为了做好直播吸粉,她做了大量的前期工作:

一是坚持读书。

每天坚持读书,并且加入了樊登读书会。樊登读书会也是一个读书社群,几乎每个城市都有分支机构。

二是锻炼口才。

报名参加口才班,锻炼自己的口才。口才是直播的必要技能,主持人拥有流利的口才,才能做好直播工作。

三是寻找新鲜的观点。

每天寻找新鲜事物和有意思的观点。为此,侯瑶注册了自己的微博账号,每天微博上都会有大量"新鲜事"等着她去挖掘。

四是整理素材。

每天都要整理各种故事素材,在直播中讲故事,才能提升直播的质感。整理故事素材的做法，许多访谈类节目的主持人也在做。由此可见，这项工作是很有意义的。

经过充分准备，侯瑶开启了自己的直播生涯。最初，侯瑶的粉丝人数并不多，只有几百人。到了后来，关注她直播的粉丝超过一万，并且逐渐形成了粉丝效应。有一次，粉丝在直播间里刷屏留言："能否推荐一本书？"侯瑶的粉丝绝大多数是20～35岁的女性，于是她推荐了张德芬的《遇见未知的自己》。让侯瑶没有想到的是，自己的推荐让许多粉丝跑去书店进行购买。

侯瑶的粉丝越来越多，她的影响力也越来越大。于是，她创建了属于自己的社群"侯瑶大嘴说天下"。社群里的成员都是侯瑶的铁粉，所谓铁粉，就是期期观看侯瑶直播，并且积极参与侯瑶组织活动的人。这群人喜欢侯瑶，也愿意在侯瑶的直播间里讨论交流。后来，侯瑶也像其他主播一样直播带货。如今，侯瑶依靠直播就可以有非常稳定的收入，自己的粉丝社群也经营得有模有样。

搜狐平台"群主家"有一篇名为《像李白的铁粉一样引爆社群》的文章，文章写道："铁粉会带给你惊喜。当小米还只是一个'小虾米'的时候，因为找对了人，一群发烧友就和它一起做了饥饿营销，然后又奋斗出了一个互联网手机品牌，一直成为业内神话。当脂老虎还只是一个'无名氏'的时候，因为它找对了人，一群有实力的胖子和它一起颠覆了整个减肥行业,直到成为这个领域的奇迹。当你,找到你的铁粉,并一起努力建立自己的铁粉社群,你的粉丝会无限裂变。这就是社群经济下的'粉丝经济',所以说无粉不活,铁粉为王!"铁粉就是社群的利基,有了铁粉,才能养活社群。社群的利益,并不能用金钱来衡量,优质的公益社群同样能够向社会"赋能"。

第 2 节　各式"套路"中的诱惑点

一个社群管理者如何才能发展属于自己的铁粉呢?方式、方法也有很多。几乎每个成功的社群背后都有属于自己的方法,这些方法中的打动用户的点都有哪些呢?或者说,这些方法有我们值得学习的地方吗?

众所周知,李白是中国最伟大的诗人之一,他的诗作流传千古。与此同时,李白也是唐朝时期的一位"网红"。李白的诗好,他的人气也很旺。如果李白建一个社群会怎样呢?如果李白穿越到互联网时代,并且他的诗被广为传颂,相当于现在的海子、顾城等著名诗人,他完全可以凭借自己的网红特质搭建一个社群。或许当他想要搭建社群的时候,就会有许多粉丝提供各种资源。李白是一位非常喜欢喝酒的诗人,只要李白喝过的酒,恐怕都会因为李白而出名。

换言之，如果李白想要直播带货，也许他的业绩会非常突出。我们为什么拿李白当作案例去讲解呢？因为李白具备网红的特质，这种特质就是社群发展铁粉的诱惑点。

如果你是一名网红，就会有很多铁粉。如果你还不是一名网红，可以想方设法把自己培养成一名网红。当然，网红的成名之路必须是合法的、积极的，决不能触犯法律。现如今，有一些网红直播的内容太低俗，无法传递社会正能量，最后只能是吞下自己种下的恶果。当然，传递正确社会价值观的网红也有很多，他们不仅拥有大量的铁粉，而且依靠粉丝的力量获得巨大的变现能力。《新闻晨报》曾经有一个数据统计，名为《网红，正成为中国一个全新的景象》。报告的数据显示，截至2018年5月，中国网红粉丝总人数达到5.88亿人，同比增长25%。网红粉丝中，53.9%的年龄集中在25岁以下。2019年，艾瑞与微博联合发布了《2018中国网红经济发展洞察报告》（以下简称"报告"）。报告显示，过去一年，网红产业规模不断扩大，网红数量及粉丝规模不断提升，MCN机构在网红生态中的地位不断加强，随着内容平台的多元化发展，网络红人多平台运营已经成为重要趋势。

虽然只能查到2018年的权威数字，但是随着互联网技术的发展和各种不同平台的出现，网红数量越来越多。有人问："网红是不是一种转瞬即逝的现象？"我想，所有的事物都要一分为二去看待。一方面，网红是一种现象，网红能够产生强大的经济效应。以朱之文为例，农民歌手朱之文的出名，直接带动了家乡的发展，并且带动了许多草根变成了网红。这些人不但改变了自己的命运，甚至具有一种"传帮带"作用。另一方面，网红的出现是一种必然，是互联网时代的标志。互联网的特点就是高速传播，网红的名气和能量也会在互联网上产生这样的作用力。

2021年6月10日，和讯财经刊发了一篇名为《"世界第一网红"：坐拥全球1.1亿粉丝，一年利润超越多数上市公司》的文章，文章写道："PewDiePie是Youtube上最火的明星，没有之一，也是毫无疑问的收入冠军，保守估计年收入高达5000万美元以上，折合人民币约3.19亿元。从2010年开始，PewDiePie发布自己打游戏的视频，两年时间粉丝量破百万，2016年这个数字突破5000万，稳坐全球游戏主播第一的宝座，截至2021年5月5日，PewDiePie的粉丝突破1.1亿。"想要成为一名网红并不是一件容易的事情，就像前面文章中我们提到的女主播侯瑶，为了提升直播水准，她提前做了四项工作，这四项工作帮助侯瑶提升了综合能力，侯瑶才能在直播界一展身手，并且稳定吸粉。

除了网红吸粉的方法之外，还有哪些吸粉方法呢？这些方法并不能直接复制，只能当作案例去参考，或者从中萃取部分自己可用的经验。如果总结一下互联网的吸粉方法，有以下两种。

一、打造一个良好的人设

给人一个良好的个人形象，健康、阳光、积极的个人形象，是稳定吸粉的关键。有人问："网红乞丐沈巍是如何出名的？"这是个例，并不能进行经验方面的萃取。但是有一点需要说明，沈巍曾经博览群书，他还是一个非常有道德修养的人。因此，沈巍的人设是好的，如果人设崩塌，就会造成巨大的负面影响。

二、派送礼品，直接给粉丝福利

当然，这种方法是一种快速见效的方法，只是需要社群的组织者有足够的资金支持。

除了这两种方法之外，还可以提供优质内容吸引粉丝。当然，还有许多其他方法就不再一一列举了。每个人的成功方式是不同的，甚至是无法复制的。但是一名优秀的社群管理者需要拥有良好的个人形象、综合素质和内容输出，才能吸引粉丝，建造属于自己的社群。

第3节 给铁粉"存在感"和"仪式感"

铁粉是粉丝群体中忠诚度最高的一个群体，也是参与程度最高、商业转化率最高的群体。一个社群组织者想要发展社群，就需要培养大量铁粉。如何才能把普通粉丝转化成铁粉呢？我想，需要做好两方面的工作，即给铁粉足够的存在感和仪式感。

什么是存在感？公众号"启路文学"有一篇名为《活着没有存在感的人，读完余秋雨的语录，会明白一个很深刻的道理》的文章写道："现实中很多人都感到没有存在感，觉得自己可有可无，没有人关心，没有人爱护，就连亲人都对他很陌生、很冷漠，让他的心找不到栖息地，活了那么多年，依旧感觉自己是在流浪，就如三毛所言，'心若没有栖息的地方，到哪里都是在流浪'。"如果社群组织者只是把粉丝当成粉丝，不关心、不爱护、冷落他们，他可能就会"粉转路"，甚至"粉转黑"。

存在感就是一个人能够获得的关爱和认同。虽然粉丝关注你是因为他有喜欢你的理由，但是这种喜欢也是有条件的。记得有一个粉丝参加一名歌手的演唱会，演唱会结束后，他拿出心爱的唱片让歌手签名，歌手不但拒绝了他，而且还用很恶劣的态度对待他，粉丝非常生气，直接将唱片扔进了垃圾箱，甚至在社区留言板上留言："我不会再支持这样的歌手，不仅素质低下，而且不懂礼貌！"因此，社群组织者千万不要让自己的粉丝难过，尊重自己的粉丝，爱护自己的粉丝，粉丝是你最重要的后援团，让他们坚决做你的后援，就需要尊重他们、爱护他们。

众所周知，C罗是足坛巨星，粉丝众多。许多铁粉都会去现场观看C罗的比赛，甚至还有一些小球迷去足球训练基地观看C罗的训练。C罗四次当选世界足球先生，拥有超高人气和超高的商业价值。但是C罗也是一个非常注重个人形象的人，他不仅拥有健康的个人形象，而且在日常生活中对待球迷的态度，也做得非常到位。每一次球迷签售会，C罗都会大大方方地签名，并且与他的粉丝们合影，甚至对小球迷关爱有加。这些做法让球迷感到温暖，而那些得到特别呵护的小球迷则更加喜欢C罗。C罗给了球迷和粉丝足够的温暖，球迷和粉丝也因此获得了一种存在感，也会继续支持C罗。

网络上有一句名言是这样说的："人活着的原因，无非就是不断证明自己的存在。从出生到结婚生子，我们每一个举动都不知不觉中想要证明自己，告诉世界，我被谁需要，被谁关注！"社群管理者不要把粉丝当成粉丝，他们是一个一个的人，需要关心，需要让他们有存在感。

除了让粉丝有存在感，还要让他们有一种仪式感。什么是仪式感呢？作家网易槽植在《仪式感：给潦草的生活一个巴掌》一书中写道："生活是一条泥沙俱下的河流，对于任何一个愿意清醒一点儿的人来说，你想要活出不一样的自己，就必须在自己遭遇的事情发生和结束时建构起某种仪式感，否则，你的生活要么会如白开水，要么会如一团乱麻。仪式感之于生活，犹如钟表之于时间。"人人都需要一种仪式感，仪式感也会让我们的生活更加精彩一些、神圣一些。

如今，许多年轻粉丝也是生活仪式感很强的人，他们希望处处都能有这种仪式感。一方面，粉丝需要社群管理者的行为充满仪式感。另一方面，粉丝自身也需要一种仪式感。2017年光明网刊发了一篇名为《粉丝网盛典创新，偶像给粉丝颁奖大呼比自己获奖还过瘾》的报道，文章写道："粉丝网通过其大数据体系，结合自身和各大第三方平台指数、粉丝评选等多个数据维度，对粉丝行为以及主流媒体进行科学数据化深度分析，从数据角度解读粉丝圈的最新动态，评选出杨幂、段奕宏、宋茜等数十位知名艺人获得最具粉丝影响力的明星奖项，以及十多个粉丝团奖项，并开创了明星为粉丝颁发奖项的先河。除了明星颁奖盛典屡屡引发现场粉丝欢呼尖叫外，更令人热血沸腾的是粉丝团奖项的揭晓，由偶像亲自把奖杯交到粉丝团代表的手上，这也是粉丝网的独家创新。本次粉丝团获奖名单则是粉丝网通过全网应援和粉丝团活跃度的大数据分析评选出的 11 个粉丝团奖项。胡夏上台表达对粉丝的感谢之后，面向粉丝鞠下深情一躬，台上及台下的粉丝瞬间泪崩尖叫沸腾。"明星们的这些暖心举动，深深打动了粉丝，粉丝感受到一种存在感，更感受到一种仪式感。

如果一名粉丝能够同时感受到存在感和仪式感，是否会更加死心塌地地跟随社群和社群管理者呢？答案是肯定的。

第 4 节　与铁粉一起成长

粉丝与偶像是一体的，并不是两个单独存在的个体。一个健康的偶像，一定要起到榜样的作用，才能留住粉丝，让更多粉丝跟着你一起走下去。如果一个偶像是不健康的，产生了较大的社会负面影响，粉丝就会"粉转路"或者"粉转黑"。有人说："粉丝是最现实的！"粉丝与追星族不能直接画等号，粉丝有自己的想法、观点。只有当偶像的三观和做法符合粉丝们的要求，粉丝才是粉丝。与此同时，偶像也要明白一个道理：有粉丝的偶像才是偶像，没有粉丝的偶像什么也不是。

BIGBANG是韩国知名的组合，在中国也有非常高的人气，铁粉数量很大。自媒体平台"一物一码大数"有一篇名为《论粉丝经济对市场的重要性》的文章中专门写了一段关于BIGBANG在中国开演唱会的内容："为了偶像的一场演唱会，不管多远，都要在现场看，这就是所谓的死忠粉吧！'你买到BIGBANG演唱会的票了吗'，这几乎成了这段时间的见面问候语。BIGBANG深圳站开票，据说有将近20万人同时涌入售票网站，去抢购几千张门票，从680元到1480元所有票都在几分钟内被一抢而空。可是，当朋友圈到处'哀号'着'没买到票'的声音时，还有人在问BIGBANG是谁？路人可能不明白，这支韩国组合到底有多红，不仅拥有大批中国粉丝，甚至吸引无数明星粉丝。在业内人士看来，BIGBANG已经红成了现象，成为韩国明星生产线最出色的'产品'。"从这段文字中不难看出，粉丝购买演唱会门票，是明星创收的主要方式之一。如果没有粉丝购买门票，明星就很难从演唱会的渠道上赚钱。换言之，粉丝是明星的衣食父母，明星、偶像们应该始终保持自己的好形象，甚至还要与粉丝们一起成长。

现实生活中，也有一些偶像并没有起到良好的社会引导作用，让许多粉丝"粉转黑"。有一个著名的艺人，曾经拍摄过多部叫好的电影、电视剧，长期保持良好的个人形象，获得粉丝无数。后来，这位艺人被爆出来吸毒，并且其吸毒照片被曝光，在社会上引起轩然大波。与此同时，他的许多粉丝纷纷表示："偶像的这种行为让粉丝们非常伤心！没有想到，我们把他当成偶像，他竟然是个瘾君子。"后来，这位艺人的人设全面崩塌，再也没有在演艺界取得成绩。

除了这样的反面事例外，也有许多正面积极的案例。有一位年轻偶像，虽然非常年轻，但却非常有进取心。当偶像团队中的其他成员纷纷选择签约高身价的经纪人公司时，他却选择了读研究生。有人说："这位年轻偶像只是想让自己变得更好，所以才放弃了黄金时代的表演时机，而选择学习。"经过几年学习，这位偶像蜕变成一名实力派演员。此时，他的表演风格更加成熟，而且非常懂得经营自己的事业，给他的粉丝带来了正能量。这位偶像说："我必须与我的粉丝一起成长，才能一起走下去。他们的存在，也让我时刻保持着阳光、健康的状态。"因此，这位偶像迎来了更好的人生机遇，连续拍摄了几部高票房作品。

酷云互动平台发表过一篇名为《中国偶像养成记：偶像、粉丝共同成长，商业价值仍需探索》的文章，文章写道："让观众和粉丝与偶像一起成长具有长期性，相比较天降新人，更能培养出最有价值的核心粉丝圈。同时，观众对于这种不断成长的偶像，更有一种"自己捧红了他"的成就感。这也是当下的养成模式火爆的最直接原因。另一方面，在养成阶段，往往粉丝投入的金钱相比去追一些已经十分热门的偶像要花费更少，所以也能够更成功地吸引到新粉丝的加入。偶像养成模式风靡背后的粉丝经济也正在迅速变化，粉丝经济已经从最原始的快速消费偶像产生了巨大变化。最初的偶像与粉丝的关系很单一，但随着近年互联网和经济的快速发展，偶像与粉丝的关系变得越来越近，越来越直接。偶像产业的经济模式也变得更加多种多样。偶像发展成为一个大IP的孵化和运营，这个IP的形成又会衍生出各种各样的产业链和粉丝经济。"从这段文字中不难看出，粉丝与偶像是一个整体。偶像需要粉丝的参与才能产生商业光环，粉丝也需要在偶像的引领下让自己变得更加阳光、健康。

如今的粉丝已经不是多年前的粉丝，现在的粉丝更加在意一个人的思想、人品等宝贵品格，一名社群管理者需要不断提升自己的能力和精神状态，给粉丝继续追随的机会，也要与粉丝一起成长。这样，粉丝会逐渐转化为铁粉或者"死忠粉"，偶像也会更加优秀、出色。

第 5 节　给铁粉足够的权限和体验

是否需要给铁粉足够的权限和体验呢？这个问题也是许多社群组织者比较关心的问题。众所周知，许多歌星开演唱会时，会在演唱会现场与歌迷进行直接互动。歌迷们在与歌星互动过程中，就会产生一种幸福感和存在感。还有一些演唱会现场，歌星会直接邀请歌迷参与演唱，让歌迷过足瘾。其实，歌星们的这些做法都能够给铁粉带来足够良好的体验。铁粉获得了更好的体验，也会继续追星，并且积极购买歌星演唱会门票。

有一个话剧社群，社群管理者老李是一名话剧演员和话剧导演，定期在某城市的话剧院举办话剧演出。有一年，社群管理者老李编导了一部新话剧，并且邀请了数十名演员进行排练。排练的时候，老李在群里发布排练信息，邀请社群成员和粉丝到现场进行观看和指导。第二天话剧排练的时候，果然来了许多粉丝观看。粉丝们看得非常认真，老李在舞台上的表演和指导也很认真。第一天排练结束之后，老李开始与参加排练的粉丝进行互动，他问粉丝："大家伙有什么意见和看法，尽管提。"

粉丝们积极参与，并给出了个人的看法和意见。有些看法和意见，老李采纳了；对于没有采纳的意见和看法，老李也会给粉丝们一个认真的解释。粉丝们对老李的这种做法表示感激："没有想到，老李是一个谦虚的人，还是一个负责任的人。"

老李的彩排足足进行了七天，每天都有大量的粉丝参与互动。话剧上映之后，老李特别向话剧院的工作人员交代："灯光一定要稍微足一些，尽量让所有的观众坐在靠近舞台的地方，这样更有利于他们观看话剧。"这样的暖心之举不但提升了粉丝观看话剧的体验感，而且粉丝们也纷纷为老李这种人性化的安排竖起了大拇指。

有人问："为什么要给粉丝权限？粉丝到底能有多大的能量？"对于我本人而言，微信公众号拥有较多的粉丝。我不仅给粉丝们开通了留言板，粉丝们可以在留言板上进行留言；另外，粉丝们对于他们喜欢的好文章，也会进行大面积的推广和转发，为我的公众号平台引来更多粉丝和流量。有人也曾问："如果没有开通留言板会怎样？"

曾经有粉丝在后台留言："能否把所有的留言全部放出来？我们有权利看到自己的留言。"将粉丝的留言放出来，不仅是对粉丝的尊重，而且还是粉丝应有的权利。如果一名管理者剥夺了粉丝的这种权利，会怎么样呢？我身边也有朋友从事自媒体工作，并且有自己的自媒体公众号。他的公众号大概有几万名粉丝，粉丝经常转发他的文章，并且在留言板上进行留言。众所周知，微信公众号的留言板上的留言是可选择的，管理员可以在后台选择自己喜欢的留言。但是，我的这个朋友并没有放出所有的留言。这些留言里面，也有一些留言非常有建设性。没有被放出留言的粉丝取消了公众号的关注，甚至还有粉丝在后台留言："如果连关注者的留言都不给放出来，我们凭什么继续关注你？"因此，粉丝需要拥有一定的权限，拥有了这些权限，他们才能与社群组织者（或者明星、偶像）进行互动。没有权限，也就无法进行互动。

许多人喜欢玩在哔哩哔哩平台看视频。有一个优质内容提供者SKY（化名）拥有不错的关注度，他总会放宽粉丝们的权限，让粉丝们发弹幕、留言。SKY说："与粉丝交流也是一件非常快乐的事情，尤其是发弹幕环节，粉丝们发弹幕问问题，然后可以马上解决或得到答复。"另外，粉丝在弹幕里互动，也能提升自身的互动体验。换言之，管理者给了粉丝权限，粉丝可以更好地享受管理者提供的视频、图片和文字内容，并从中获得乐趣。

《半月谈》记者邱冰清在半月谈网刊发了一篇名为《粉丝权力崛起，深度搅动娱乐圈》的文章，文章写道："'粉丝对文化产业的意义从没有像今天这样重要过。'南京大学新闻传播学院教授朱丽丽说：'过去粉丝和偶像的关系更多是情感寄托和心理投射，在互联网社会，粉丝的权力发生了反转。这一轮脱粉不太一样，粉丝开始注重自己权利的表达——通过脱粉向明星喊话，你这样我不喜欢。'粉丝们从未像今天这样深度参与到偶像的塑造中，从发展道路、曲风选择、影视资源，甚至是妆容、服装等，粉丝都会强势地提出意见。在很大程度上，流量偶像的走红是由粉丝的持续关注和喜爱推动的。公司在偶像包装和推出中向粉丝兜售参与感，按需生产，让粉丝成为产品的一部分。粉丝在此过程中投入感情，必然会喜欢自己参与选择的'产品'，并保持稳定的忠诚度。'人设是免不了的。因为偶像不是天生的，是被建构出来的。'朱丽丽说。"

爱豆（偶像的代称）的出现是粉丝参与的结果，爱豆的人设某种程度上也是粉丝集体打造的。因此，社群管理者（明星、偶像）也需要给粉丝足够的权限，让粉丝持续性地参与某个事件或活动，并且对粉丝们的行为进行正确引导，这样就会形成合力。

第6节 铁粉的"共同价值信仰"

如今，人们都在谈共同价值和共同信仰。什么是共同价值信仰呢？共同价值信仰就是信仰。前线杂志社总编辑李明圣有一篇《论信仰》的文章，文章写道："信仰是一种强烈的信念，是对某种思想、宗教或人物的信奉和敬仰，是心灵的产物，是无悔的选择、不懈的奋斗与持久的坚守。信仰是人生的总目标。人生是一次有目标的旅行，决定人生目标的是人的信仰。信仰是行为的总司令。人的行为，是一种有选择的活动。不论自主，还是被迫，不论深思熟虑，还是一时冲动，人生的轨迹由若干重大选择和无数日常选择构成。人们享有选择的权利，也承受选择的后果。决定人的选择的，是对利弊得失的权衡，是基于善恶是非、好坏优劣的价值判断，超越利益权衡和价值判断的则是信仰。"信仰是一种精神力量，它可以让人们更加团结，让人们凝聚在一起，并做出惊天动地的事情。社会有社会信仰，宗教有宗教信仰，甚至每个人都有自己的独特信仰。那么，粉丝群体呢？其实，粉丝群体也有粉丝信仰。粉丝信仰是一群人对某个人或者某个事件有共同追求，并产生了一种恒久的精神力。这种精神力通常有以下几个方面的体现：

一、鼓励支持

他们能够不断鼓励自己的偶像，并且为自己的偶像输出力量。在这种作用下，偶像得到足够的支持，也会产生一种能量。

二、向心力

偶像与自己的粉丝群体形成一种向心力，能够做出许多意想不到的事情，比如明星公益演出，粉丝也会倾囊相助。

三、凝聚力

粉丝信仰会让粉丝们自动形成一个有凝聚力的后援团队，帮助自己的偶像做出许多事情。

四、正确价值观的社会信仰

一些形象健康、充满正能量的偶像可以给粉丝们带来具有正确价值导向的社会信仰，甚至可以推动社会发展。比如，有的明星曾经默默无闻捐助了多所希望小学，并且引导粉丝做公益。几年来，他的粉丝捐助了很多书屋、爱心林，积极帮助贫困学子。偶像通过自己的行为，为粉丝树立了正确的价值观，传递了正能量，是值得学习的榜样。

因此，一个社群管理者想要让铁粉死心塌地跟着你走，就需要建立一个虔诚的、极具有正向精神价值的信仰。如何才能实现呢？我想，可以按照以下几个步骤去做。

第一步，形成一个核心精神。一个社群原本就有自己的核心价值观，如果没有核心价值观，还需要提前确定核心价值观。不管是一个怎样的社群，都要坚持积极健康的核心价值观，顺应时代潮流，遵纪守法。只有这样，核心价值观才能起到正面引导作用。

第二步，要从普通粉丝里面筛选出具有骨干作用的铁粉。前面我们讲到，铁粉与普通粉丝不同，铁粉就是铁杆粉丝，对于一个社群管理者而言，能够从众多粉丝中选择出铁杆粉丝也是一个工程量比较大的工作。但是，这是一项非常重要的工作！只有铁杆粉丝形成带动作用，才能形成粉丝信仰。

第三步，打造"星星之火"，形成燎原之势。换言之，社群管理者要对铁杆粉丝们进行宣教、奖励等，只有这样，铁杆粉丝才会共同构建和推广社群的价值观念,并跟着这种信仰之光走下去。

第四步,适当创造"敌人"。事实上,任何一种信仰的建立,都是建立在打败某个敌人的基础上。当然,这里的敌人不一定是现实中存在的敌人,它可能是一种精神产物,比如人的惰性、不良习惯以及社会不文明现象等,以这些事物为敌人,也能创建出具有社会积极意义的精神信仰。

契诃夫说过一句话:"信仰是精神的劳动。动物是没有信仰的,野蛮人和原始人有的只是恐怖和疑惑。只有高尚的组织体,才能达到信仰。"如果一个组织体有了信仰,这样的组织体将会焕发出强大的精神力量。如果一名社群组织者能够在社群内部培养出粉丝信仰,就会帮助社群做大做好,借助铁粉的力量推动社群发展。

第九章
亚文化也能玩出大生意

第1节 社群与亚文化

社群本身就是一种文化现象，是时代发展到某个阶段出现的产物。前面我们讲到，社群自古就有，但是古代的社群形式与现代的社群形式有着本质上的区别。因此，我们想要真正了解社群，就要弄清楚社群与亚文化之间的关系。这也能够帮助人们真正理解社群、真正走进社群、真正搭建社群。

作家宋仔在人人都是产品经理网站刊发了一篇名为《从社群内部高语境环境的形成，看社群内部文化的建设》的文章，文章写道："亚文化常指与'社会主流文化'相对应的那些非主流的、局部的文化现象，指在主流文化与思想体系之外，属于某一区域或某个集体所特有的观念。而在现阶段，由于移动互联网的发展，导致人与人之间的沟通成本极大的下降，使得各个类型的人群能够迅速地自发聚集形成社群。每个共性社群存在的意义是基于自身的共性，而这种共性可以是基于兴趣聚合、生活方式聚合、价值观聚合、时间和空间的聚合，这使得社群的种类可以数不胜数，而一个人的不同身份也使得他可以同时划分进不同的社群。比如某个程序员（Github社区）是罗永浩的粉丝（价值观认同型社群），平时的爱好是上B站看动漫（二次元社群）。在这个趋势下，常被理解为边缘文化的亚文化就有了更多的价值。"这段话简单描述了社群与亚文化之间的关系。但是，我们还要对亚文化这个概念进行一下扩展和补充。到底是什么是亚文化。亚文化也叫集体文化或次文化，亚文化有着与主流文化相通的观念和价值，也有属于自己的特色观念和价值。按照年龄分，亚文化有老年文化、青年文化等；按照生态学分，亚文化有城市文化、郊区文化、乡村文化等。美国著名学者大卫·雷斯曼曾经提出"大众文化"与"亚文化"之间的区别，他认为："即使没有任何其他人在场，也会聆听某种音乐时，他是在一种想象'他人'在场的脉络下聆听音乐的——他聆听音乐常常是为了要去和那些'他人'建立起关系。他对大众媒体的观感受到他所隶属的同侪团体所形塑。这些团体不只是在为音乐分高低而已，他们是以一种更细腻的方式，在为团体中的成员选择他们会在音乐中'听到'些什么。"由此可见，亚文化拥有自己的独特气候，社群文化本身就是一种亚文化。

如果一名群主想要打造一个有特色的垂直社群，就需要打造一种具有亚文化气息的社群。只有这样，才有可能像大卫·雷斯曼所说的那样：喜欢某种音乐的人聚集在一起，他们能够"以一种更细腻的方式，在为团体中的成员选择他们会在音乐中'听到'些什么……"的方式找到一种共鸣，然后打造出一个属于他们喜好和个性的音乐俱乐部。社群是标签化的、具有显著个性的群体。从某个角度看，社群的某些个性相当于一名群主的个性。社群群主的个性类似于哺乳动物的生物信号，当他释放出这种生物信号的时候，这种信号就会在人群中传播开来。所谓"物以类聚，人以群分"就是这个意思，人们可以通过这样的一种"生物信号"走到一起，并且形成一个群体。当然，社群组织者释放的生物信号是极具个性的，并不是一种大众文化似的生物信号。但是，这种生物信号只能将人们聚集在一起，并不能产生其他任何效应。一个社群群主想要打造一个真正的具有亚文化气息的社群时，还需要让所有加入社群的成员形成一种群体记忆。

什么是群体记忆呢？想要彻底揭开社群与亚文化之间的秘密关系，群体记忆这个社会心理学概念是绕不开的。群体记忆也叫集体记忆，法国社会学家莫里斯·哈布瓦赫在《论集体记忆》一书中写道："社会为何需要记忆？首先，社会自身总是让身处其中的个人产生一种幻象——似乎今天的世界和过去的世界相比，总有些莫名的不完满。希腊的哲学家们并不是把世界的末日看作黄金时代，相反，他们认为世界的开始才是最美好的。许多普通人也使自己相信，和自己的童年和青年时代相比，现今的生活似乎有一种莫名的缺失感和沉重的压抑感。因此，社会之所以需要记忆，因为记忆赋予社会的'过去'一种历史的魅力，把最美好、最神圣的事物贮存在与现今相对的另一个维度里。"在如今这个充满压力与金钱诱惑的社会里，人人都需要美好事物。社群管理者如果将这种美好事物带给某些人，就会在社群里形成这种群体记忆。拥有"群体记忆"的社群，才是一个具有亚文化气息的社群。

第 2 节　亚文化社群

管理人杨兴祥在网上有一篇很有名的文章，文章题目是《网红的粉丝要凝聚为亚文化社群》，文中写道："网红和社群是密不可分的，因为内容决定了网红生命的长度，同理，内容也决定了社群的活跃度。网红是内容的承载者和创造者。而社群，则主要依靠内容的迭代而存在、活跃。没有内容迭代的社群，是一个行将就木的社群，是一个即将死亡的社群。而延长社群的生命力，主要依赖于社群的亚文化。所以，亚文化成为社群和网红延长生命力的不二法门。"亚文化相当于一种文化形式的分类，一个个性化的、垂直的、小众的社群文化就是一种亚文化，一个亚文化社群就是一个个性强、有自己的文化气息和文化内涵的社群。就像前面我们提到的那些个性不鲜明、没有文化气息的微信群，这些微信群只能是一个群，而不是社群。

上一节中我们讲到了群体记忆这个词。一个社群管理者想要让自己的社群发展壮大形成文化，就需要给每一名社群成员集体记忆。对于这个话题，我们需要在这个章节中继续讨论。有人问："如何才能给社群注入'集体记忆'呢？"对于一个人而言，最美好的事情是经历过美好，并形成了美好记忆。前面我们讲到过一个户外骑行俱乐部的创始人老王创办社群的案例，一个成功的社群，一定有集体经历的美好的故事。

老王成立俱乐部的时候，组织了一次环青海湖骑行。当时，老王的俱乐部只有20多人，这些人都是老王身边的朋友。因为相信老王的组织能力和为人，所以跟老王一起参加了户外骑行。这一次户外骑行非常令人难忘。有一名俱乐部元老说："我以前的户外骑行都是短距离的，而且几乎都是在平原或者东部沿海地区完成的。环青海湖骑行，这是我的第一次长距离的，并且是在青藏高原上完成的户外骑行。没有想到，青海湖如此美丽；更没有想到，我竟然坚持了下来，完成了这次骑行活动。另外，多亏了老王保姆式的呵护，我们队伍才完成了青海湖之旅。"换句话说，第一次青海湖之行是完美的，给所有成员都留下了美好的印象。

青海湖之行结束之后，老王趁热打铁。他做了三件很有意义的事情。第一件事，他把所有骑行的过程整理成公众号文章，文章内包含了大量骑行的精彩照片和部分精彩视频，而且还用较为煽情的文字进行"散文游记"式叙述。当这篇文章被分享出来后，几乎所有的俱乐部成员都进行了转载。转载产生了非常好的宣传作用，因此也有许多对户外骑行感兴趣的人纷纷加入老王的俱乐部。第二件事，继续组织户外活动，进一步引发人们的户外骑行乐趣。随后，他又开辟了几条"美丽中国"骑行线路，所有人都顺利完成了户外骑行。经历了几次户外活动之后，大家彼此间产生了信任和友谊，俱乐部成员之间的关系更加亲密，用老王的一句话说："大家都是亲兄弟！"懂得煽情的老王，总能营造出良好的户外骑行氛围，几乎所有的俱乐部成员都愿意跟着老王骑行。第三件事是老王的户外文化的传递和户外骑行知识讲座。用一位企业家的话说："企业文化的形成，在于文化的推广和文化知识的传授。仅仅有集体记忆是不够的，集体记忆相当于文化形成的这个'化学反应'的催化剂，有了集体记忆，这种'化学反应'更快。"老王在集体记忆的形成过程中，不断地深入推广文化，传播户外运动哲学，让俱乐部成员对"户外骑行"有了更深刻的认识。

老王的"三板斧"非常奏效，俱乐部成员不仅有了深刻的集体记忆，而且还对户外骑行有了新认识，甚至与老王的关系也有了新定位。有一位俱乐部成员说："老王是俱乐部的灵魂，是我们的主心骨，还是我们的导师、我们的教练。只要有他在，我们就觉得温暖、安全。"正因如此，老王的社群越来越火，俱乐部成员越来越多，俱乐部内部也形成了一种浓郁的、极具个性的文化氛围。

由此我们可以看出，老王的这家户外骑行俱乐部，就是一个非常典型的亚文化社群。

管理人杨兴祥在《网红的粉丝要凝聚为亚文化社群》一文中这样写道："亚文化社群的形成主要与亚文化社群的领袖息息相关。我认为亚文化社群的形成，主要与社群领袖的三个方面相关。第一，领袖的信仰决定了亚文化社群的基因。第二，领袖兴趣是社群主要内容的方向。第三，领袖的格局决定社群内容的深度与高度。"就像案例中的老王，老王的信仰、格局以及方向，决定了社群的发展方向和最终形态。因此，一个亚文化社群离不开一个格局大、方向感强、有个性、有信仰的社群组织者。

第 3 节　亚文化社群的思考

社群就是一个亚文化的集散地，许多社群代表着一种个性化和小众化文化。不久前，我看过一部美国纪录片，纪录片讲述了一群喜欢街头文化的年轻人如何在城市中间追逐自己的梦想。什么是街头文化呢？街头文化也叫嘻哈文化，起源于美国。街头文化有四大元素，即街舞、涂鸦、说唱、DJ。如今，许多中国年轻人也喜欢这些元素，甚至从事与之相关的职业。美国纪录片中的主角琼斯是一个滑板爱好者，并且喜欢街舞和说唱音乐，经常去他的朋友那里购买各式各样的服装和装备。与此同时，琼斯和他的小伙伴们也有自己的社群，这个隐形的社群经常组织各种各样的活动，如滑板比赛等。后来，这些隐形的社群规模逐渐壮大，组织比赛的奖金也越来越多，甚至还有赞助商和设备提供商加入进来。虽然琼斯还是一名业余的滑板爱好者，但是他希望有朝一日成为职业滑板选手，并为此奋斗。英国学者默克罗比认为："青年亚文化不是传统的中产阶级文化，与父辈文化也不紧密相连。这是一个被工人阶级年轻人的经验所统治的文化空间，是他们的语言、他们的创造力首先创造出了这种亚文化。"街头文化属于青年亚文化的一种类型，它总会被贴上叛逆、前卫、个性、颠覆的标签。有人问："这些标签是好还是坏？"

如果这些标签逐渐形成一种文化，甚至已经被当今时代所接纳，这种文化就会产生正面且积极的作用。就像百度百科关于青年亚文化在教育对策栏中所表达的意见和看法那样，"20世纪初到中叶，青年亚文化的反叛精神虽然造就了西方青年放浪形骸、萎靡颓废的生活方式，那种波希米亚式的青年亚文化曾在西方国家引发了各种各样的青少年犯罪，如吸毒、抢劫等，但它也造就了表现主义、左岸艺术、先锋派、垮掉的一代文学以及摇滚乐等文化艺术形式"。这说明，青年亚文化具有可引导的一面，只要加以适当引导，充分发挥其积极的一面，它就会向健康、积极的方向发展。就像前面我们所讲，一个社群管理者所创办的社群必须是合法的，合法是一个大前提，一切不合法的社群都会被取缔，也就无法谈及未来是否会发展、是否会"流芳百世"。社群必须具备一定的正面引导能力，要拒绝一切违法犯罪分子进入社群，在社群内部搞破坏。在这里我们还要讲一讲文化这个词。文化是文明的衍生物，体现了人类的智慧结晶，是美好的事物，绝不是违反法律的事物。

有人说："亚文化是一种年轻文化。"在我看来，亚文化只是一个泛指的文化，它并没有强调年龄。虽然亚文化只是文化范畴内的小众群体，但并不意味着亚文化是格格不入的。许多亚文化社群依旧火爆。有个年轻人非常喜欢古风类的东西，于是创办了一个汉服公社。汉服公社现在有100多名成员，所有的成员都是汉服的爱好者。他们经常在节假日的时候聚会，并且去一些旅游景点或者网红打卡地拍照。当然，他们会穿着自己喜欢的汉服，并且把自己精心打扮一下。他们的出现，也是城市里的一道靓丽风景。

如今是一个多元化的世界，社会的包容度也越来越高。我们更应该对亚文化和亚文化社群包容一些，亚文化和亚文化社群并不意味着违反法律或者低俗。国家中长期青年发展规划专家委员廉思认为："从'蚁族''工蜂'扩展到更广泛的青年群体，我们可以发现，青年亚文化使当代青年在社会关系上呈现出'自我'到'我们'的转向。在'Cosplay'、弹幕、自拍、'晒'、日翻圈等诸多青年亚文化中，能明显地看到年轻人更加自主、更为开放地寻求自我、表达自我和创造自我的种种探索。而移动互联网不仅能让年轻人迅捷地传递关于'自我'的海量信息，提高'自我'的辨识度和能见度，还能让他们在创造、传播了自身文化后，迅速寻找到志同道合的'圈内人'，进入圈层，得到认同，获得身份归属，反过来强化其'自我认同'，青年亚文化已经成为年轻人寻求身份认同的新坐标和新参照。"从这段话中，我们可以看出，亚文化以及亚文化社群有其存在的意义和价值。

第4节 亚文化社群营销

北京舞佳舞是中国最有名的街舞组合，也是一个知名的街头文化圈社群。创立以来，北京舞佳舞输送了大批街舞人才，也有越来越多的青少年加入北京舞佳舞，并且在这里学习街舞以及街头文化。2016年，天信投资刊发了一篇名为《嘻哈产业研究：内容与IP驱动商业价值快速增长》的文章，文章写道："随着我国居民收入及新生代家长群体观念的转变，以街舞为代表的嘻哈产业正逐渐受到了重视和快速发展，据估算，全国街舞培训市场产业规模突破2500亿元，市场空间巨大。行业具备较高的利润率空间，新三板少儿艺术培训公司毛利率突破90%，行业轻资产运作特征明显。国内街舞赛事观演人数逐年突破新高，这一现象表明我国嘻哈产业的商业价值潜力巨大，体育赛事正在成为重要的流量入口和消费场景，赛事 IP 价值凸显。"北京舞佳舞的创始人高博，也是世界知名街舞赛事 KOD 的创办人，正如百度百科介绍的那样："目前，KOD 已经成为中国最权威的街舞国际性赛事，舞种也发展到 popping、locking、hiphop、breaking 四个舞种，而 KOD 自第二届开始就有加拿大华裔、英国华裔，以及诸多我国港台地区的街舞爱好者和五名韩国选手参赛，第三届更是在原有外籍参赛人员的基础上，吸引了街舞发源地美国的选手参赛，比赛场面极其激烈。第四届 KOD 又巧妙地加入 Battle Guest 这一元素，邀请美、法、英、日、韩各路街舞高手抵京与中国选手同台较量，使得比赛层次再次上升到了另一个高度。中国的街舞大赛已经达到世界水平，已经被国际街舞界认可了。"如今，KOD 已经成为北京舞佳舞打造的商业大 IP，每年都能吸引到世界各地的优秀舞者来中国参赛。

　　北京舞佳舞不仅是一家舞团，还是一家文化传媒公司，既组织大量的街舞赛事，如 KOD 世界街舞大赛，也组织街舞培训活动，甚至每年还会派街舞成员参加国内各式各样的娱乐节目，如"这就是街舞"等。街舞在我国发展十分快速，几乎全国所有的城市都有街舞培训机构。一家知名的街舞社团，不仅有自己的街舞学校，也有自己创办的街舞赛事，甚至还有许多知名的街舞选手有自己的嘻哈品牌。像这些嘻哈社群都和自己独特的经营模式，且能够创造不错的产值。

那么，亚文化社群都是如何进行营销的呢？

一、价值定位

亚文化社群都有自己的界限，也有自己的定位。以嘻哈文化社群为例，有的社群是街舞社群，旨在推广街舞文化；有的社群是涂鸦社群，旨在推广街头涂鸦文化。不同的亚文化社群，都有属于自己的边界，但边界一定要清晰。如果边界不清晰，也就无法进行价值定位。北京舞佳舞是一家街舞团体，其价值定位是"街舞的推广大使"。因此，北京舞街舞也是这样做的，立足街舞，把街舞文化发展壮大。

二、价值引导

为什么我们用"价值引导"四个字解释呢？任何社群都是以价值为方向的社群，任何社群都立足于价值和价值方向，甚至还在树立自己的信仰。在这种情况下，只有做好价值引导工作，才能把社群做好。社群是由组织者和参与者组成的群体，组织者负责信仰的树立和推广，参与者负责社群项目活动的参与。但是，社群只有在组织者正确的价值引导下，才能让更多的铁粉参与进来，并产生流量。在这个流量为王的时代中，流量等同于收益。如果社群管理者能够做好价值引导工作，就能吸引更多铁粉参与活动，并产生经济效应。

三、控制规模

为什么要控制社群的规模呢？因为社群的规模并不是越大越好。有三个方面的原因：第一，规模越大，管理难度也就越大，社群是一个小的集散地，具有一种小的聚集性特点。第二，亚文化社群更加体现了这一点，即"浓缩的都是精华"。换言之，亚文化社群是小众的，如果是大众化的社群，也就失去了亚文化的特点。第三，亚文化社群的本质就是个性，个性的东西是不可能大众化的，只有控制规模，才能保持这种个性的稀有程度，才能产生更大的经济效益。就像作家邓本初在一篇名为《社群营销，从这3个点去做就可以了》的文章中写道："控制规模是企业社群发展规划的必经之路，最常见的方法是沉淀核心用户、内测用户等重点对象，这是社群精细化运作、提炼社群价值的必要条件。相对于普通成员而言，产品的核心用户群体，能为品牌带来更多价值。"

亚文化社群本身就具备了一种商业性的特征，只需要社群管理者加强对社群内部和市场外部的商业元素开发，就能给自己的社群带来巨大收益。

第 5 节　亚文化中的大生意

嘻哈界有一个人叫 KAWS，这是何许人也？我们看看百度百科是如何介绍他的："2006 年创办街头潮流品牌 Original Fake，进军潮流服饰市场，利用各种独有的 KAWS 式代表元素，延伸至服饰当中。在时尚方面，KAWS 亦为 Bape、Undercover、real mad Hetic、Clot 等热门街头品牌设计服饰进行联名企划。在音乐方面，KAWS 亦为 TowaTei 的 *SWEET ROBOTS AGANST THE MACHINE*、Bape 的 *CHERIE*、Kanye West 等一线明星设计 CD 封面。在媒体各方的极力帮助下，使 KAWS 慢慢走入正统艺术殿堂，KAWS 的艺术作品市场价格已经高达 3 万美元。当中的作品 *Wonderful World* 更是以高达 40 万美元的价格售出，与国内知名艺术家岳敏君创作的 *Figure* 更是在艺术界轰动一时。KAWS 从此成为街头潮流以及艺术创作同样取得很好成就的创作人。" KAWS 是一个时尚弄潮儿，与世界上许多顶级潮品进行合作，KAWS 也是亚文化经济的代表人物。

当然，KAWS 被人熟知的，并不是与那些顶级潮牌的合作，而是与日本优衣库的合作。众所周知，优衣库在中国的市场份额很大，许多年轻人都喜欢选择优衣库的服装，价格便宜，又有一定的时尚度。当 KAWS 与优衣库进行合作时，优衣库将这位世界顶尖的嘻哈艺术家的作品印到了 T 恤上。换言之，KAWS 与优衣库的联名，就体现了一种潮流。KAWS 的粉丝遍布世界各地，在嘻哈界更是神一般的人物。如果有幸穿上一件 KAWS 设计的衣服，那是相当"拉风"的一件事。

我们再来看看 KAWS 的粉丝都有谁？林俊杰、周杰伦、刘雯等，这些明星们纷纷为 KAWS 打广告，甚至带货，这些明星本身就是一个个流量大 IP，他们的一举一动都影响着粉丝们的行为。当明星们身穿 KAWS 设计的衣服走秀或者出入某些场合时，就会引起强烈的关注。在明星们的带动下，KAWS 设计的衣服几乎每一件都是爆款。中央财经大学文化与传媒学院院长魏鹏举认为："亚文化走进大众视野，并且发展出自己的产业链，这都是文化发展进化的普遍规律。像和街头文化相关的产品都有一定的艺术附加值，它更多的代表一种文化标签，消费者通过购买这些产品，来获得文化认同。"

当然，KAWS 是一个天才式人物，他的设计方案是难以复制的，并不是每一个人都能像 KAWS 那样成功。回到我们国内，许多喜欢嘻哈文化的年轻人，他们不仅学习街舞，而且追逐与街舞相关的一切元素，比如服装、配饰等，把自己打扮成街舞潮人，在街舞圈里追求自己的梦想。国内也有许多著名的街舞明星拥有自己的工作室，利用自己在行业内的地位经营着属于自己的商业帝国。街舞明星杨文昊可谓家喻户晓，并且也是北京舞佳舞的"五虎上将之一"。杨文昊除了跳街舞或者参加街舞比赛之外，还是一名时尚穿搭博主和商人。杨文昊经营着自己的潮牌 THEV，这个小众嘻哈品牌因杨文昊参加《这就是街舞》而一炮走红。天猫出品《这就是街舞》营销负责人可乐说："天猫会和人气选手开展多方面的合作，比如为他们提供比赛时穿着的服饰、对他们日常潮流态度进行采访等，从而完成带货的过程。"如今，杨文昊的生意越做越大，杨文昊的生意故事也是非常典型的从亚文化走向大生意的故事。

前面我们还提到了汉服社群。许多年轻人追求古典文化，因此购买汉服、穿搭汉服，形成一道靓丽的城市风景。《人民日报》海外版刊发了一篇名为《从亚文化"小圈子"到市场规模数十亿，"汉服经济"风生水起》的通讯报道，报道中说："近年来，汉服受到越来越多中国年轻人的热捧。2019年仅淘宝平台的汉服成交额就超过了20亿元。最新数据显示，今年上半年，已有超过2000万人在天猫上购买汉服。这表明，汉服已经从过去的一个亚文化'小圈子'，变成了一门拥有数千万消费者、数十亿产值的'大生意'。'汉服经济'，名不虚传。如今，整个汉服圈已经形成了一个较为完善的产业链条，并诞生了一批圈内知名品牌。年轻，是'汉服经济'的一大特点。淘宝数据显示，2019年，有超过2000家淘宝店铺孵化成年入过千万且拥有品牌属性的淘品牌。从淘宝店到淘品牌的路越来越短，尤其是在汉服领域，就涌现出汉尚华莲、花朝记、十三余等人们耳熟能详的淘品牌。"

换言之，曾经不被大众看到的亚文化经济逐渐向主流经济靠拢，且市场前景非常广阔。那些亚文化社群的管理者只需要坚持自己的梦想，按照商业逻辑打理自己的社群，就有可能创造出商业奇迹。

第十章

意见领袖与社群

第 1 节　什么是意见领袖？

社群时代催生出许多名词，其中有一个名词叫作意见领袖。什么是意见领袖呢？意见领袖是美籍社会学家拉扎斯菲尔德提出的。百度百科给出的定义是："意见领袖是在团队中构成信息和影响的重要来源，并能左右多数人态度倾向的少数人。尽管不一定是团体正式领袖，但他们往往消息灵通、精通时事；或足智多谋，在某方面有出色才干；或有一定人际关系、能力强而获得大家认可，从而成为群众或公众的意见领袖。在消费行为学中，特指为他人过滤、解释或提供信息的人，这种人因为持续关注程度高而对某类产品或服务有更多的知识和经验。家庭成员、朋友或媒体、虚拟社区消息灵通的权威人士常常充当意见领袖。"在这个定义里，我们能够发现以下几个元素：

意见领袖是信息和影响的重要来源。
意见领袖并不是团队的正式领袖。
意见领袖精通时事、消息灵通。

意见领袖足智多谋。

意见领袖拥有足够的社交能力。

意见领袖能够过滤一些不可靠的信息。

意见领袖在某个垂直领域内是类似专家式的存在。

意见领袖拥有一定的地位，受人尊重。

当然，意见领袖具备的这八大元素仅仅是从定义中获取的，但是也足够证明意见领袖在某个社群（领域）中的地位和作用。细心的人都能发现，一个成功的社群里面，都有这样一个或几个意见领袖。意见领袖因此具有八大价值，这八大价值也是因八大元素所形成的。

一、信息的输送者

互联网时代是一个信息时代，任何事件（事物）的传播都是由其本身的信息所决定的。意见领袖是信息的提供者，他提供的信息更加可靠，甚至是信息源的主要提供者。有人说："谁能提供信息资源，谁就拥有资源。"这说明，意见领袖是一个拥有重要信息资源的人。

二、不是团队领袖，胜似团队领袖

四大名著之一的《水浒传》在中国的影响力非常大，水泊梁山的真正领袖是宋江，但是意见领袖是吴用。吴用是宋江的军师，几乎所有的重要意见和决策意见都是吴用向宋江提供的。吴用在水泊梁山位高权重，虽然他不是真正的领袖，但却可以左右领袖的决策，这也是意见领袖的作用。

三、精通时事

一个意见领袖一定是关注时事的人，并且能够对时事做出相对正确且犀利的判断。既然是意见领袖，他必然能够从各种事件中萃取到属于自己的经验和方法，然后向别人提供意见和看法。但前提条件是，意见领袖精通时事，相当于一个"百事通"。

四、足智多谋

水泊梁山的吴用绰号"智多星"，这就说明了他足智多谋，连真正的领袖都要向他问计问策。明末清初评论家金圣叹对吴用的评价是："吴用定然是上上人物，他奸猾便与宋江一般，只是比宋江，却心地端正。宋江是纯用术数去笼络人，吴用便明明白白驱策群力，有军师之体。吴用与宋江差处，只是吴用肯明白说自己是智多星，宋江定要说自己志诚质朴。宋江只道自家笼罩吴用，吴用却又实实笼罩宋江，两个人心里各个自知……"虽然吴用是一个颇具争议的人物，但是其足智多谋的特点无法忽略。

五、社交能力很强

无论在企业还是在一个社群中，都需要这样一个社交能力强的人物。意见领袖的意见从哪里来的呢？或者，他的见识为何如此开阔呢？不得不说，他的许多意见和见识是通过社交获得的。一个意见领袖，一定是社交达人，至少在社交方面有很强的能力。

六、能够过滤很多垃圾信息

意见领袖是"眼里不揉沙子"的，他总能够分辨出消息的真假，哪些是真的，哪些是假的，一眼就能看得出来。因此，意见领袖会过滤掉很多虚假信息，传播相对有价值的真信息。

七、专家

意见领袖是专家，这应该没有什么可怀疑的。如果一个人不是某个领域的权威，他的意见也就缺乏参考价值。意见领袖通常是某个领域内的专家，深谙某个领域，并且能够给出非常专业的见解和思想。在一个垂直领域内，意见领袖是不可或缺的角色。

八、有较高的地位，并且相当权威

权威不能与专家画等号，权威却掌握了足够的话语权，受人尊重。任何一个团体，都需要权威。没有权威的团体，如同一盘散沙，谁也不服谁，也就无法在一起共事。

第 2 节　意见领袖与社群

　　意见领袖与社群存在怎样的关系呢？如果我们把水泊梁山看作是一个社群，宋江相当于社群群主，拥有着强大的组织能力，吴用相当于社群里面的意见领袖，总能给宋江和众人提供各种建议，属于社群里面的"二号人物"。因此，一个逻辑严谨的社群，决不能缺少意见领袖。实战派社群导师高兴撰写了一篇名为《社群营销 & 运营：如何通过意见领袖做精社群》的文章，文章写道："很多人做社群运营，都是设计各种社群规则，希望把所有成员的行为纳入到规范里。事实上，在社群运营里面，最核心的是 KOL 的运营。运营社群，就是在运营这些节点用户，其他用户可以被这些节点用户以点带面覆盖到。核心用户的意见具有传播力及影响力，通常情况下，他能代表社群的整体诉求。服务好一个 KOL，可以影响到 100 个甚至更多的社群成员。"这里有一个新名词 KOL，什么是 KOL 呢？简单说，KOL 的全称是 Key Opinion Leader，即关键意见领袖，也就是我们本章讲述的意见领袖。但是意见领袖还是一个营销学的新概念，也代表着一种新营销方式。

　　众所周知，许多明星也加入到直播带货的商业领域中。有些明星拥有较高的人气和足够多的粉丝量，而且其意见、看法也能引发连锁效应。如果这位明星具备意见领袖的各个特点，那么他就是一名意见领袖。当他向人们推荐一种商品的时候，就会引起粉丝抢购。因此，商业领袖的推荐能够产生巨大的商业效应。比较有代表性的案例是，著名主持人崔永元曾经推广非转基因食品，并且得到了广泛支持。在一个垂直领域的社群里，需要有一个这样的核心人物。有时候，意见领袖的作用比社群组织者的作用还要大。我们用一个案例进行说明。

某母婴社群的组织者王菲菲是一位从事母婴行业的宝妈，社群约有300多名成员。但是，该社群一直不温不火，组织者王菲菲也有些着急。此时朋友建议她："你的社群需要一名高人，没有这个高人，社群是无法激活的。"这位高人是谁？就是一名意见领袖，她叫徐辉，是高级育婴师，还是一名心理医生，有着专业的从业经历，在这座城市小有名气。当徐辉收到王菲菲的邀请之后，便在社群里开通了直播课堂。在这里，我们还要重新补充或者强调一下意见领袖具备的典型的三大特点。

一是领域内的专业知识。徐辉是一名高级育婴师，具备强大的专业知识，能够为母婴群里的会员提供专业意见，她的直播课堂也是一门育婴的专业课。而这些都是建立在强大的、厚实的专业基础之上。

二是有品质、有分量的意见。既然是意见领袖，徐辉就能给群里的成员提供高质量的意见，这些意见能够帮助会员解决问题。

三是天赋。如果一个人能够在一个垂直内的圈子里得到荣誉，说明这个人拥有某些天赋，天赋也是某个人能够取得好成绩的重要因素之一。有句话说"只有努力，没有天赋，也可能一事无成"，天赋和努力是相辅相成的。既然能够成为某个垂直领域内的专家，说明这个人在这个领域有着出众的天赋。

徐辉的到来，让宝妈王菲菲的群立刻活跃起来，意见领袖如同催化剂，许多宝妈都会定时观看徐辉的直播课，并且向徐辉进行咨询，请徐辉提供意见和建议。作为一名意见领袖，徐辉非常热情，而且喜欢与宝妈们进行交流，并且提供可靠的建议。如今，王菲菲的社群已经发展到近2000人的规模，意见领袖徐辉也从王菲菲的"社群生意"中有所收获。

意见领袖与社群组织者的合作，是一种强强联合的合作。意见领袖需要一个社群，社群为意见领袖提供了粉丝和倾听的会员；社群需要意见领袖这样的催化剂来活跃社群的氛围，提升社群质量，辅助社群管理者进行社群管理。与此同时，社群与意见领袖也是相互成长、相互成就的。作家小雨有一篇名为《网红直播带货如此火爆！已经成为新一代的"意见领袖"！WHY？》的文章，文章写道："观察网络时代的意见领袖可以发现，他们之间的互动频率更高。如我们可以将活跃在微博平台的新闻传播领域的知名学者、业界精英视为意见领袖，有社会热点事件出现的时候，这些意见领袖经常互相点赞、评论、转发彼此的观点，具有明显的'集聚化、群落化、圈群化'趋势。"集聚化、群落化、圈群化也是社群的特点。因此，意见领袖走进社群也是一种趋势。

第3节　意见领袖养成招式

这个社会需要意见领袖，意见领袖也是一个能促使营销成功的因素。意见领袖是如何养成的呢？如果你能成为一名意见领袖，能够为自己带来哪些好处呢？柏林意见领袖营销学院（IMA）联合创始人Sascha Schulz说过这样一番话："意见领袖珍视这种能够尽情发挥自己图文内容制作热情的工作，他们珍视自由与创意。退回到20年前，他们中的许多人一定会去做记者或出版人。如今社交媒体上的'自媒体'正大行其道。像在其他媒体一样，在这里与经济界的合作也是一种为自己的工作再投资的可能性。只有少数人完全靠此职业为生，大多数人只是把影响力当作副业，或者把它视作'能赚钱的爱好'。社交媒体意见领袖、记者和媒体公司是非常好的补充，确保了一个社会中呈现多元意见的图景。一家出版社永远不可能报道许许多多引人入胜的创新、品牌与服务，而意见领袖仅凭一人之力也永远不可能带来信息的广度和深度。"意见领袖是互联网时代的一个衍生品，尤其是新媒体（自媒体）时代下，许多人曾有过扮演意见领袖的角色来解决一下平时难以解决的问题的经历，或者帮助某些企业（团体）解决一些营销难题。意见领袖的养成，大概需要以下几步。

第一步，选准社群（品牌）

意见领袖与公知不同，公知是公共知识分子，是公共议题的活跃分子，能够运用自己的专业知识解答公共问题。意见领袖更多出现在某个垂直领域内，这就要求一个人必须选准社群（品牌），然后进入该领域，熟悉该领域，努力让自己成为该领域内的专家。

第二步，充分体验

意见是如何产生的呢？只有一个人进行了充分体验，才能产生真正的意见。产生的体验既有好的一面，也有不好的一面。体验得越充分，产生的意见也就越多。意见领袖总能提供与众不同却一针见血的意见，这些意见都是在充分体验之后产生的。如果仅仅是了解某个行业而缺乏对某个品牌的具体体验，也就无法给出有价值的意见。

第三步，制造声音

意见领袖是一个有影响力的人，只有制造出"声音"，才能给众人一种"大人物归来"的感觉。当然，这里的声音特指一种新闻传媒方式，制造声音等同于制造声势。有一句诗是这样写的："正如你悄悄地来，挥一挥衣袖，不带走一片云彩……"但是，意见领袖不能"悄悄地来"，而是要踩着"风火轮"富有声势地到来，制造的声势要让所有人都知道，并且引起所有人的注意。

第四步，向同领域内的其他意见领袖学习

学习是非常重要的！本章所讲的学习，并不是继续学习专业知识，而是向同领域内的意见领袖学习，学习他们的表达方式，学习他们的语气，学习他们如何制造话题，如何才能引起人们的关注。甚至还要学习，如何在某个领域内树立自己的权威。正如前面所讲，如果一个人无法树立权威，也就无法胜任意见领袖这样的角色。阿里巴巴前董事会主席马云说过一句话："权威是你把权利给别人的时候，你才能有真正的权利。懂得倾听，懂得尊重，并承担责任的时候，别人一定会听你的，你才会有权威。"

第五步，邀请

有时候，作为一名意见领袖，未必有人会听你的意见，这该怎么办？如果是为了社群品牌的运作，意见领袖还要充当邀请人的角

色，邀请自己的粉丝参与自己的话题。参与的粉丝人数越多，意见领袖的声音也就越大，制造的影响力也就越大。因此，意见领袖也要根据实际情况随机应变，有时候也需要向自己的粉丝发出邀请，请他们前来助阵。

第六步，放弃信息控制

意见领袖是一个讲故事并且呈现话题的人，他并不是一个控制信息的人。如果意见领袖选择控制信息，就会引起一些不必要的麻烦，用一句网络流行语去形容就是"翻车太快"，许多明星、网红都在这方面翻车。与其控制信息，倒不如放弃信息控制，让粉丝们一起参与。

作家朱波、王蕾在《今传媒》刊发了一篇名为《微信营销意见领袖培养现状研究》的文章，文章写道："招商银行开展'爱心漂流瓶'活动，微信用户捞到瓶子并回复后，就能参加招商银行为自闭症儿童提供帮助的'小积分，微慈善'活动。招商银行贴近受众的同情心，不仅在受众心中树立了良好的形象，还成功地将参与活动的部分受众培养成了招商银行的意见领袖。一些参与捐赠的用户表示积分不再只是消费价值的延伸，也能成为公益的媒介、爱心的载体。由于他们亲身体验过，所以会更有说服力地将招商银行的相关宣传信息传递给其他受众。招商银行通过这种'道德诱惑'为自己做了一场漂亮的早期宣传。"招商银行的这个案例同样值得社群管理者借鉴和学习，继而培养属于自己社群的意见领袖。

本节的"六步法"旨在帮助读者将自己培养为意见领袖。无论如何，意见领袖中的意见等同于一条商业策略，非常值得人们去研究和学习。

第 4 节　1‰意见领袖法则

想要做一名意见领袖，或者培养一名意见领袖并不是一件容易的事情。除了做好大量前期工作外，还要掌握意见领袖法则。什么是 1‰意见领袖法则呢？最早，人们曾经提到过 1% 法则，1% 法则是一个经典法则，我们可以借助这个法则去了解 1‰意见领袖法则。什么是 1% 法则呢？企业家汤姆·康奈兰曾经写过一本名叫《1% 法则》的畅销书，书中是这样写的："探索 1% 法则的秘密为我打开了一个充满各种可能的全新世界。想想看，我开始训练孩子们在很多方面比以前提升 1%，比如体育精神、团队合作、交流、毅力、基本的控球技术，以及其他的生活技能。我想，今天的结果证明，这些行动确实有效。想象一下，对于你我，对于愿意提升自我的人，1% 法则能起到什么作用？哪怕仅仅提升 1% 而已。当然了，也许你是一名销售代表，或者市场专员，也可能是一名经理。你无法做到比其他所有的销售代表、市场专员或者经理优秀 100%。事实上，如果这样比较，你只会沮丧气馁。但是在你工作方式的多个方面，你能够进步1%。之前我们已经了解到，这1%会让你处于无可争辩的优势地位。"如果我们套用汤姆·康奈兰的《1%法则》，可以对1‰意见领袖法则进行重塑，即"探索1‰意见领袖法则的秘密为我们打开了一个充满各种可能的全新世界。想想看，如果我们的训练能够让我们的各个方面都有一点点的提升，哪怕仅仅只是1‰，比如个体精神、团队合作、团队交流、毅力、观点呈现技术，以及其他的技能。我想，今天的结果证明这些行动确实有效。想象一下，对于你我，对于愿意提升自我的人，1‰法则能起到什么作用？哪怕仅仅提升1‰而已。当然了，也许你是一名互联网精英，或者是一名普通人。你无法做到比其他所有的人优秀100%。事实上，如果这样比较，你只会沮丧气馁。但是在你工作方式的多个方面，你能够进步1‰。之前我们已经了解到，这1‰会让你处于无可争辩的优势地位。"

其实，这就是1‰意见领袖法则。掌握了这个法则，我们才能成为意见领袖，或者才能让自己变得更加优秀。任何事物的变化都是量变引发质变。从一名普通人到一名意见领袖，看似距离很远，实际上我们完全可以做到。这需要我们在哪些方面进行提升呢？

一、永远比其他人更努力一点

想要成功做好某件事，就需要比其他人更努力一点。这个世界仍旧眷顾那些更加努力的人。有一些人读书多了一点，就可能成长为作家；有些人在演讲方面多努力一点，就会拥有一副好口才。虽然天赋很重要（意见领袖也需要天赋），但是努力更重要。

二、目标更加清晰一点

一个拥有清晰目标的人，总会更快、更准确地实现自己的目标。目标不明确，甚至没有目标，也就无法制订翔实且逻辑缜密的计划和行动方案。航行有航行的目标，马拉松有马拉松的目标，想要成长为意见领袖，也要有自己的目标，并且能够为目标制订计划和行动方案，再坚持走下去。

三、学会使用杠杆效应

什么是杠杆效应呢？百度百科给出的经济学概念是："财务中的杠杆效应，即财务杠杆效应，是指由于固定费用的存在而导致的，当某一财务变量以较小幅度变动时，另一相关变量会以较大幅度变动的现象。"为什么要巧借杠杆呢？作为一名意见领袖，并不需要长篇大论发表意见，只需要一针见血式的"点到为止"即可。擅长使用"巧劲儿"的意见领袖是聪明人，有价值的话语不在于长短和篇幅，而在于话语的有效性。因此，意见领袖还要掌握一门技能，萃取自己的意见，就像从金矿中提炼黄金。

四、养成一个良好的习惯

良好的生活习惯和工作习惯，都会改变一个人。虽然这些习惯对一个人的改变幅度不大，但却有累积效果。良好的作息习惯让一个人的工作精力更加旺盛，专注度更高；良好的工作习惯，让一个人更加注重细节和方法。

只要我们的生活方式和学习状态都更加努力一点点，哪怕只有1‰，就会让我们变得更加优秀。意见领袖的产生，就是由各个方面的 1‰ 的提升所决定的。

第 5 节　意见领袖带来的"风口"

意见领袖能否制造舆论风口？我想，肯定可以。雷军是小米科技的创始人，也是一个非常善于利用风口的人物。他有句名言——"站在风口上，猪都能起飞"。雷军利用"风口"，将一个很普通的科技公司做成了世界 500 强科技巨无霸企业。如果一个社群能够借助意见领袖制造的风口蓄力，也可以"飞上天"。意见领袖通常能带来怎样的风口呢？或者说，意见领袖与风口之间存在怎样的关联呢？

在一个健康社群里，群主是一名从事医疗行业多年的资深从业者。在他的群里，也有一名意见领袖，这位意见领袖是一名三甲医院的主任医师，也是医疗行业内的专家。有一次，群里讨论"熬夜伤害身体"的话题，并且有人讲到了"肝排毒"的时间，就在大家热烈讨论的时候，这位医生也站出来参与讨论了。他说："肝排毒没有特定的时间，它一直处于排毒状态。另外，熬夜伤身并没有太大的科学依据，只要一个人睡眠有规律，睡眠时间充足，就能确保自己的身体状态。"他还举例进行说明，"许多上夜班的人的身体状态并没有因熬夜受损，同样也有许多夜间工作人员也能给出许多证据。当然，'日出而作，日落而息'的习惯是好的，通常医生都会建议大家，尽量不要熬夜，规律作息，睡足觉。"医生出现后，群里的成员开始向医生提问，许多都是健康方面的问题。这名医生非常热情，总能积极做出回答。因为有这名医生的存在，这个社群非常活跃。医生能够制造出健康话题，这个话题也就形成了讨论焦点。在这个焦点问题中，群主得到了什么？群主与意见领袖是伙伴关系，当意见领袖制造出焦点问题之后，群主就会在群里推广自己的产品和服务，从而进行了一轮精准营销。这种方式是一种互助的商业模式，意见领袖的意见起到了广告作用，紧随其后的是与广告相关的产品和服务。

有人说："这怎么是风口呢？风口是市场决定的。"我们强调的是，在一个社群里，风口的制造并不完全依赖于市场，社群内的意见领袖的意见就能形成"讨论风口"，引发众人关注。

平台归鱼季刊发了一篇名为《社群构建和意见领袖，新媒体的方法论里，这些都是有效推广的方式》的文章，文章写道："如何在新零售时代背景下更好地把握住市场？趁着社群的这股势头努力冲上行业的风口，社群该如何去做呢？又如何更好地与对应的行业接轨？很多人都在不停地琢磨，今天我们一起来讨论一下，说的不对大家也可以留言辩论，越辩越明。玩社群其实就是一个打造铁粉的过程，每一步都是对客户的筛选过程，从普通的顾客流量，变成品牌的粉丝，然后进行忠诚度的培养，让他变成我们的铁粉，从而进一步打造群里的意见领袖，让这部分客户成为我们的合作伙伴，最后把这一类型的客户聚集在同一个群里，产生有价值的分享。"意见领袖的意见就能在社群内部产生风口效应。有人问："什么是风口？"风口就是一种趋势，它可能是一种市场趋势，是市场大环境决定的；风口也可能是某个小范围内的舆论所引发的，能够引发小范围的市场涡流，带动某个区域内的商业行为；风口还可能是人为制造的，尤其是意见领袖发表的意见，这些意见左右了周围人的行为和思想，并产生商业行为。总之，社群需要意见领袖，意见领袖的行为可以改善社群的商业环境。当然，意见领袖绝不是社群群主的"托儿"，而是他的行为能够引发商业机遇，让社群营销变得更加容易。

第6节 意见领袖：有价值的不是意见，是思维

有句话是这样说的："有价值的不是意见，是思维！"所谓意见领袖，并不是"意见"上的领袖，而是"思维"上的领袖。意见领袖的思维决定了他的意见是独特的、有趣的、充满吸引力的。苏联教育家苏霍姆林斯基曾说："思想好比火星，一颗火星会点燃另一颗火星。一个深思熟虑的教师和班主任，总是力求在集体中创造出一种热爱科学和渴求知识的气氛，使智力兴趣成为一些线索，以其真挚的、复杂的关系——即思想的相互关系把一个个的学生连接在一起。"闪光的思想会产生一种吸引力，这种吸引力就是我们上一节中所提到的风口。意见领袖制造风口和舆论场引发关注的，不是他的某个意见，而是意见背后的思维。在这里，我们还要提及一个名词：影响力思维。在一个社群中，意见领袖拥有非常大的影响力，他的一言一行都会左右社群成员的行为。意见领袖说该产品有问题，他的粉丝就会拒绝该产品，以此类推。影响力思维就是意见领袖所拥有的"思维"，该思维能够产生巨大的影响力，该思维由五个元素组成，即互惠、承诺一致、喜好、权威、稀缺。

一、互惠

意见领袖并不仅仅只是为了自己而发表意见和观点，通常他会从粉丝的角度出发，再呈现自己的观点。换言之，意见领袖是

一个"替别人说话"的人。如果从这个角度看，意见领袖的行为对其他人是有益的。当然，这种互惠是一种智慧，替他人说出自己的观点，在产生影响力的同时，还可以提升自己在社群中的地位。

二、承诺一致

意见领袖的观点，是一种"承诺性"观点，他用自己的方式承诺他人，并想尽一切办法兑现承诺。曾经有一位意见领袖因发现某个教育机构存在不合理现象，于是他在征求他人意见的情况下，公开发帖质疑教育机构的做法，最后让教育机构做出了正面回复，并对教育课程进行整改。这种"承诺一致"的做法才能让意见领袖在社群中引起共鸣。意见领袖并不是那个提供意见的人，而是那个能够解决问题的人。

三、喜好

意见领袖一定有自己的喜好，他的喜好通常与他擅长的话题有关。有一些军事方面的意见领袖不仅喜欢军事，而且还喜欢研究各种军事谋略。如果没有喜好的推动作用，他也无法成为意见领袖。在喜好的推动下，一个人才有可能成长为意见领袖，并且在某个领域内积累大量的经验和知识，给其他人提供有价值的意见。

四、权威

意见领袖一定是某个领域的权威，意见领袖等同于社群内的舆论权威,制造权威式舆论,是他的能力体现之一。有人会问:"如果有人质疑意见领袖,他还是意见领袖吗?"我想,任何一个意见领袖都会遭受质疑,但是他依旧是受到大多数人认同的那一个。所谓权威,就是能够得到绝大多数人的支持,同样也允许少量的质疑声。

五、稀缺

意见领袖也是领袖,本身就是"群"里挑一的"能人",并不是所有的人都能成为意见领袖。同理,意见领袖的意见也是"群里挑一"的,是稀缺的。只有稀缺的观点和稀缺的人碰撞在一起,才能产生并释放出巨大的能量。中国有句话叫"物以稀为贵",一个稀缺的观点和看法,同样是价值连城的。观点(看法)的稀缺性才能体现意见领袖的价值,而稀缺的观点通常是一种智慧的体现,因为意见领袖们总能洞察到其他人难以发现的东西。

搜狐号"新业人才"曾经刊发过一篇名为《一个人值钱不值钱,要看他的思维方式,你的思维方式是怎样的?》的文章,文章讲了一个故事:"我们说成功是不可以复制的,一个人的成功,天时地利人和,缺一不可。但是除了这些呢?他们的成功不是偶然的。虽然别人的成功,我们无法复制,但我们可以思考他们成功的方法论。"

在一个朋友组织的小范围活动上,一个非常年轻出生于 1986 年的小伙子引起了老王的注意。之后，老王了解到，这个年轻人居然是年收入高达 9 位数的创业者。这个小伙子的哪些动作引起了老王的注意呢？不是因为他帅，而是因为他的思维方式。他有系统的思维方式，有很强的气场，而且对自己的行业可以用"非常精通"来形容，只要你问他行业相关的问题，他都会从问题的本质上来告诉你答案。另外，他穿着普通的休闲服，非常谦虚、低调。这才是人与人之间有区别的根本原因，这些区别主要体现在思维方式上，如果不是他的思维方式，也不会引起老王的注意。

之所以用这样一个小故事进行讲述，也是为了证明思维才是真正稀缺的资源。只有掌握珍贵而稀缺的思维资源的人，才能成为意见领袖。

第十一章
人类对社交的需求不亚于对温饱的需求

第十一章 人类对社交的需求不亚于对温饱的需求

第1节 社群与马斯洛需求

社群的出现是人们的需求所致，如果没有人们对社群的需求，也就不会出现社群。讲到需求二字，我们就不得不提马斯洛需求理论。马斯洛需求层次论是著名心理学家马斯洛于1943年提出，并于1970年进一步完善的，内容如下图所示：

超越需要
自我实现的需要
审美需求
认知需求
尊重的需要
归属和爱的需要
安全需要
生理的需要

最初的马斯洛需求层次论只有五个需求层次，经过马斯洛多年的总结和归纳，将原有的五个需求层次扩展为八个。无论人们处于哪个阶段的需求，都会想办法为自己的需求付出努力。不同的社群给人们提供不同的需求解决方案，人们会根据自己的需求找到这些社群，在这些社群里寻找帮助。这就是社群与马斯洛需求层次论的关系。严格来说，并不是马斯洛需求导致社群的出现，而是人的需求导致社群的出现。

生理需求是最基本的需求，人人都会饥饿，都需要吃饭。俗话说，"人是铁饭是钢，一顿不吃饿得慌"。如今，人们的生活条件得到了改善，不再因"饿肚皮"而烦恼。人们更多地会去追求美味珍馐，或者如何将手中的食材做得更好看、更好吃。因此，我们可以看到有许多关于美食的社群。

有一个美食达人叫安德鲁，他非常喜欢美食，不仅喜欢吃，而且还会动手做。他创建了一个名叫"美食转移"的社群，吸纳了许多会员进群。有一位资深会员叫阿雪，也是安德鲁的粉丝，她每天都会观看安德鲁的美食视频，而且还会购买相同的原材料，按照视频上的美食制作步骤进行制作。阿雪通过"美食转移"社群学会了许多道好吃又好做的菜。除此之外，阿雪还经常参加安德鲁组织的美食聚会。大家都是美食爱好者，每个人都会带着自己的拿手菜参加聚会，分享美食和烹饪心得。阿雪说：

第十一章 人类对社交的需求不亚于对温饱的需求 | 199

"我是一个宝妈,老公工作很忙,有时候回到家会很晚,我非常希望凭借自己的手艺满足老公和孩子的胃口。这样,老公在家里会感受到温馨,孩子也会在温暖的家庭环境中一天一天健康长大。"其实,阿雪并不是单纯因为美食的原因而进入社群,而是综合整个家庭的需求而去学习美食。

与此同时,阿雪还进入了一个名叫"彬彬有礼"的社群,这个社群又是做什么的呢?安德鲁推荐阿雪进入的这个社群是一个进口食材销售群,社群创建者叫刘彬彬,是当地非常有名的水产商,有十多年的进口食材和国内生鲜销售经验,生意也是越做越大。刘彬彬的食材价格便宜,并且是一手货源。因此,客户对他提供的食材都很满意。阿雪进入这个社群,经常在社群里抢优惠券,购买食材时可以直接减免。"既然如此,为什么不抢优惠券进行购买呢?同样都是南美对虾,超市里120元一盒,群里下单只需要99元。"阿雪是宝妈,没有工作,自然会节省一些。阿雪在"美食转移"社群里学会了制作美食,在"彬彬有礼"社群里进行食材采购,两个社群都满足了阿雪的需求。

当然,阿雪还要其他需求,她喜欢瑜伽,还加入了一个名叫"每天五分钟瑜伽"的社群。瑜伽社群的创建者是瑜伽教练"岁月静好",她不仅有自己的瑜伽社群,也有自己的瑜伽工作室。瑜伽社群里，像阿雪这样的会员有400多人，他们跟着岁月静好学习瑜伽，每天坚持五分钟。阿雪说："岁月静好的瑜伽课程很划算，299元一学期，一共有30堂课，算下来还不到10元一节课。但是，我觉得非常有效果。我坚持练习瑜伽一年半，身体状态有所好转，睡眠质量也提升了。"总之，宝妈阿雪在不同的社群里实现了需求满足。

第2节　抓住需求

社群管理者想要管理好社群，就需要抓住社群成员的需求，将需求转化为营销。这本书的核心就是向读者介绍社群以及社群所蕴藏的商业潜力。人们进入社群的目的就是为了寻求帮助。我们还需要重新认识营销，知道什么是营销，营销的本质是什么。菲利普·科特勒在他的《营销管理》一书中写道："识别目前尚未满足的需求和欲望，预估和确定需求量的大小，选择和决定企业能够提供最好服务的目标市场，并且用适当的产品、劳务和计划，以便为目标市场服务。"如果将菲利普·科特勒的这段话进行"公式化"处理，那么可以说"营销=STP+4P+CRM管理"。

什么是STP？STP就是营销三要素，即市场细分、目标市场和市场定位。对于社群而言,不同的社群就是一个市场细分的结果,社群中有美食社群、食材购销社群、健身社群(健身社群又细分到跑步群、户外群、自行车群、瑜伽群)等。社群的目标市场就是对垂直领域有需求的人,社群成员就是社群营销的目标人群。市场定位做到位,社群才能创建起来。关于社群的定位,前面我们已经用大量文字内容进行了阐述。换言之,一个以营销为主的社群,必须要具备营销三要素;如果三要素缺少了一个,社群营销就会出问题。

什么是4P呢?4P也是著名的营销理论,它是20世纪60年代由杰罗姆·麦卡锡教授提出来的。4P即营销组合,它包含了产品(Product)、价格(Price)、渠道(Place)、促销(Promotion),因此被称为4P。社群营销商品(服务),都需要包含这四个元素。产品是营销型社群的核心,只有将产品(服务)卖出去,社群才有存在的价值。如何才能将产品(服务)卖出去呢?首先,要给产品(服务)定价,没有价值的产品不是商品,也就无法产生商业效应。其次,社群管理者还要借助渠道进行营销。有人问:"渠道在哪儿?"对于社群而言,社群相当于社群管理者的渠道之一。再次,社群管理者还要定期组织促销活动,促销是一种折扣活动,绝大多数人都想要低价购买高品质的商品,促销商业行为恰恰迎合了消费者的需求。4P营销组合中的四个元素也是缺一不可的,该营销理论直到现在也没有过时。

什么是CRM呢?CRM也叫客户关系管理,是Gartner Group

Inc 公司提出来的概念，旨在强调对供应链进行整体管理。众所周知，物流也是供应链的一个重要环节，每一个环节都是由人组成的。对于一个商家而言，无论处于上游还是下游，都需要对供应链中的每一个环节负责，这就是 CRM 管理。为什么 CRM 管理在 1999 年之前没有出现？CRM 也是因为互联网、计算机技术而催生出来的，类似于社群。百度百科对 CRM 的出现是这样进行解释的："CRM 是一项营商策略，透过选择和管理客户达至最大的长期价值。CRM 是关于发展、推广营商策略和支持科技以填补企业在获取、增长和保留客户方面的缺口。CRM 是信息行业用语，指有助于企业有组织性地管理客户关系的方法、软件以至互联网设施。CRM 是一种基于互联网的应用系统。它通过对企业业务流程的重组来整合用户信息资源，以更有效的方法来管理客户关系，在企业内部实现信息和资源的共享，从而降低企业运营成本，为客户提供更经济、快捷、周到的产品和服务，保持和吸引更多的客户，以求最终达到企业利润最大化的目的。CRM 是 Customer Relationship Management（客户关系管理）的缩写，它是一项综合的 IT 技术，也是一种新的运作模式，它源于以客户为中心的新型商业模式，是一种旨在改善企业与客户关系的新型管理机制。"如果把营销型社群当成一个企业去管理，就非常值得社群管理者引进并使用 CRM。如今，几乎所有的营销型社群都在关注客户关系管理工作，维护好社群与客户之间的关系，从中挖掘客户需求，再将需求转化成营销。

营销的本质就是抓住客户需求，每个人都有不同的需求。社群是一个垂直领域内的人群聚集地，成员对该领域内有需求才会加入这样的社群。有一位从事滑板生意的老板建立了一个名叫"滑板世界"的社群，进入这个社群的会员都是喜欢玩滑板的年轻人。这些年轻人不仅喜欢玩滑板，而且对滑板和玩滑板所需要的各种护具有较大的需求。因此，这个老板经常在社群里进行促销，并且给自己带来了不错的销售业绩。或许有人问："难道抓住客户的需求就能打开营销局面吗？"当然没有那么容易，营销是一个相对复杂的过程。但是，只有抓住客户的需求，才能打开营销，如果连客户的需求都无法抓住，也就无法将产品送到客户手里。

第3节 制造社交机会

社群营销不同于我们常见的企业营销和个体营销，它需要社群组织者不断制造社交机会，才能让营销变为现实。虽然社群与社交是两种不同的概念，但是社群活动离不开社交，社交是人与人交往的方式，社群是社群内的人与人交往的关系总和。在这本书的开篇部分，我们讲到社交、社区、社群之间存在不同之处，但是社交、社区、社群也存在着紧密的关系。社交是社群的三大功能之一，社群另外的两大功能是传播和交易。但是，社群的传播和交易功能也是在社交的基础上实现的。换句话说，社交是社群营销的基础，甚至是社群运营管理和发展成长的基础。没有社交，也就没有社群；但是没有社群，人与人之间的社交活动依旧存在。作家刘春雄在自己的平台刊发了一篇名为《社群的三大功能：社交、传播和交易》的文章，文章中写道："社群是线下社交结构在线上的迁移、放大、延伸。人是社会性动物，社交是人类的天性。农业文明的社交受地理半径限制，传播信息的速度很慢。工业文明创造了高效信息传递工具，如电报、电话、视频等，超越了地理限制，但基本限于单维社交。线下社交有社交结构，是多维度社交，比如聚会、会议、论坛、闲聊等，但传统的信息工具无法实现线上多维社交，包括其他互联网工具。微信、QQ是少数能够把线下社交结构迁移到线上的互联网工具，把人类的社会属性发挥得淋漓尽致，国民整体成为微信的重度用户，就是因为社群在线上再现了人类的社会属性，并且扩大了社交半径。"对于一个社群管理者而言，制造更多的社交机会就意味着制造更多商机。如何才能制造社交机会呢？

一、让更多人参与聊天

聊天是社交的一种基本形式。许多社群非常冷清，几乎连聊天的成员都很少，大家都在做自己的事情。但是，也有一些社群，虽然成员数量很少，但却很热闹。社群，应该热闹一些，太冷清的社群，缺乏社交氛围。有一位宝妈菲菲日记创建了一个母婴社群，社群一共60多人，成员不多却非常热闹，成员参与共同聊天的积极性非常高。菲菲日记是一个性格非常开朗、外向的宝妈，兴趣、爱好也非常广泛，并且喜欢与年龄相仿、爱好相似的宝妈交朋友。她经常组织社群成员聊天，邀请大家各抒己见。有一次，针对"如何为宝宝选择奶粉"这个话题，社群里几乎所有的宝妈都参与了聊天，并达成一个共识：购买婴幼儿奶粉，一定要选择安全等级高的大品牌奶粉，决不能贪便宜，更不能拿宝宝的健康去做实验。宝妈菲菲日记通过制造各种聊天话题，拉近了社群成员的社交关系。当然，菲菲日记制造的聊天话题几乎都是宝妈感兴趣的话题，许多话题与育儿、夫妻关系、美容健身等有关。宝妈菲菲日记说："宝妈的生活半径很小，她们需要社交，更多人想从社交中得到自己想要的东西。如果大家都能参与聊天，分享彼此的看法，就会获得更多意想不到的东西。"

二、打造有趣的线下活动

成功组织一场线下活动，也能增进社群内的人与人之间的情感，提升社交的宽度、广度和深度。社群管理者如何才能打造一场有趣的线下活动呢？众所周知，许多社群是线上社群，社群成员之间的交流依赖社交软件，比如QQ、微信等。还有一些同城社群，社群成员几乎都在同一座城市，这就给社群管理者组织开展线下活动提供了便利。作家兼运营"公举小磊磊"在人人都是产品经理网站发布了一篇名为《如何打造一场精彩的线下活动？》的文章，文章写道："活动天天有，可是好活动并不常见。一场好的活动，能够迅速撬动用户增长,引爆产品销量;一场不好的活动,让主办方辛辛苦苦,费时费力,最后也很难见到效果。活动的本质,其实就是交换。我们要用有趣的活动和有价值的课程来换取用户的参与。如果你的活动主题能够切中用户的需求,并且你的活动能够满足用户的需求,用户就愿意参加你的活动。"想要打造有趣的线下活动,需要社群管理者做好三大准备工作。

第一,制定有趣的活动主题,活动主题是决定线下活动能否成功的关键,社群管理者要从众多主题中选择出一个最适合的活动主题。

第二,邀请社群成员参加活动。就像前面我们所讲的,要向社群成员真诚发出"英雄帖",才能完成线下活动的邀约工作。

第三,选好活动时间,找到最适合举办活动的地点(交通、停车等因素都要考虑),准备好活动礼品。

如果社群管理者能够做好以上三项准备工作,就能组织一场别开生面的线下社交活动了。

无论是制造聊天机会还是打造线下社交活动,都是提供社交机会的方式。社群组织者给社群成员提供更多社交机会,才能制造出更多营销机会。

第 4 节　给予尊重

如何才能处理好社群中人与人之间的关系？答案是尊重。无论是从人际关系角度看，还是从社群营销角度看，尊重都是非常重要的。马斯洛需求层次论中的"尊重的需要"是非常重要的一个需求层次。当一个人解决了温饱、居住、社交等需求，就会寻求认同感。认同他人，就是对他人的一种尊重。当今时代是一个文明的时代，也是一个以人为本的时代。许多企业、公司的营销都基于以人为本这一原则，这就是一种尊重营销的方式。把顾客当成上帝，给顾客提供极致体验，让顾客产生一种存在感，这样的营销才是合乎时代潮流的营销。

万科集团是中国知名的房地产企业，几乎中国所有的大城市都有万科的足迹。有人问："万科的企业核心是什么？"是人！万科的成功就在于对人的尊重。

一、客户是万科的永远伙伴

没有客户，也就没有万科。客户并不是到处都有，真正的客户是稀缺的。对于社群管理者而言，社群中具有消费能力（价值转化能力）的客户并不多。这些客户值得社群管理者去尊重，并且给予足够的体验权限。客户是万科永远的伙伴，客户也是所有的从事商业活动的社群管理者永远的伙伴。什么是伙伴？伙伴就是相互信任、相互尊重的合作关系的总和。尊重自己的伙伴，才能赢得伙伴的尊重。

二、人才是万科的资本

任何一个企业组织都需要人才，人才是企业组织发展的原始动力。有人问："社群也需要人才吗？"在我看来，社群也是一个组织，具有商业属性的社群等同于商业组织，这样的组织同样需要人才。就像前面我们讲到的意见领袖，意见领袖就是人才。社群需要意见领袖，意见领袖的一句话就可以引发商业效应。因此，社群需要人才，也需要意见领袖。社群管理者想要留住人才，就要尊重人才，尊重意见领袖。社群管理者还要尊重每位成员的个性和价值观，允许他们自由进出社群，不要盲目地设置不合理的门槛，营造出和谐而尊重的环境氛围，才能让社群快速成长。

三、阳光照亮的体制

"阳光照亮的体制"是万科集团的独特体制，对内平等、对外开放的体制政策也给万科迎来了更加广阔的发展空间。规范、诚信、进取是万科发展的核心理念。对于一个社群而言，同样需要规范的环境，需要诚信的行为和进取的精神态度。社群管理者需要打造一个更加规范（有规则、有纪律）的社群，用规则和纪律约束社群成员的行为，也因此提供了一个彼此尊重的环境。社群管理者需要让自己的营销行为更加诚信，诚实守信同样是一种尊重。进取的精神是当今时代所赋予的，给社群成员一个积极向上、阳光健康的精神信仰，同样是一种尊重，也是对这个时代的尊重。社群管理者打造阳光照亮的体制是非常有必要的，也是非常急迫的。

四、一克拉文化体现

什么是一克拉文化？有许多世界知名企业都将一克拉文化作为企业文化，就像作家胡八一在《一克拉文化——20家著名企业的用人之道》一书的前言中写道："世界名企的发展经验告诉我们，企业出类拔萃的关键是具有优秀的企业文化，它们令人瞩目的技术创新、体制创新和管理创新无不根植于其优秀而独特的企业文化。而最能预测公司各个方面是否最优秀的因素是公司吸引、激励和留住人才的能力，如何才能使每个人员的创造性和积极性得到极大的发挥？这就是用人的手段、措施问题，也就是企业文化中最闪亮的部分，我们称之为一克拉文化。名企的一克拉文化向我们说明了一个道理，只有充分尊重人性，满足人们的需要，才能极大地发挥每个人的积极性和创造性。"一克拉文化是一种尊重人性的企业文化，社群管理者同样可以在社群里打造一克拉文化，让社群成员和客户感受到人文的力量，并且从这种文化氛围中得到熏陶，彼此尊重。

哲学家叔本华认为："要尊重每一个人，不论他是何等的卑微与可笑。要记住活在每个人身上的是和你我相同的性灵。"尊重是打开营销局面的先决条件,只有尊重自己的客户和团队成员,才能做好社群营销。

第 5 节　给梦想以平台

有一句话是这样说的:"给我一片蓝天,给你一场梦!"营销大师们营销的绝不是某个产品,而是一个"梦"。梦并不是虚无的东西,梦是有可能实现的美好。马斯洛需求层次论中的"自我实现的需要"就是"梦的实现",追求梦、实现梦、奔波在追求梦的路上,是无数有梦想的人都会去做的一件事。美国前总统威尔逊曾经有一句话,他说:"我们因梦想而伟大,所有的成功者都是大梦想家,在冬夜的火堆旁,在阴天的雨雾中,梦想着未来。有些人让梦想悄然绝灭,有些人则细心培育、维护,直到它安然度过困境,迎来光明和希望。而光明和希望总是降临在那些真心相信梦想一定会成真的人身上。"如果一个有梦想的社群管理者遇到了一群追逐梦想的社群成员,就能碰撞出"火花"。

四川成都有一家非常有名的登山俱乐部,创始人是美国人阿山(化名),他在中国生活了20年,是一个名副其实的中国通。阿山曾经是某著名大学登山俱乐部的成员，有专业登山经验，并且拿到了专业登山向导证书，甚至还是一名非常有名的登山家，在我国登山界非常有名气。事实上，在我国，有越来越多的年轻人对登山感兴趣，甚至尝试登山，加入知名的登山俱乐部。因此，阿山创办登山俱乐部和登山学校后，就有许多他的粉丝和想要从事登山运动的人加入了他的俱乐部。

登山是一项伟大的运动，攀登一座从未征服过的山峰，会给人带来自豪感和征服感，并从中收获自信。伟大的探险家乔治·马洛里说过一句话——山就在那里。这位探险家最终命殒珠峰，几十年后，他的尸体才被另一位美国登山家康拉德·安·科尔找到。但是，仍旧有许多年轻人对登山着迷。登山是一项挑战生命极限的运动，如果能够登顶自己梦想的山峰，就能实现自己的梦想。首先，阿山是一位出色的登山家，其次，他希望将登山文化传递下去。换言之，阿山的登山社群有两个功能：一是传播登山文化，吸引更多的年轻人参与登山活动。二是从登山活动中获得收益，既有经济效益也有社会效益。登山的经济效益是，阿山可以从登山培训和担任登山向导中收获不错的利润（当然有一定的危险，不建议非专业人士进行尝试）。登山的社会效益则是让更多人参与登山，将足迹留到梦想的山峰上，也是一种对自己的超越。众所周知，许多国家如日本、俄罗斯、韩国、意大利、德国、斯洛文尼亚等国开展登山运动是从民族和国家角度出发，登顶最难的山峰，也是向世界宣传自己的国家和民族。因此，电影《攀登者》的高票房也显示了人们对登山的热爱。对于许多热爱登山的中国人而言，登山就是梦，登顶自己想要攀登的高峰，就是实现梦。

阿山是一个追逐梦想的人，也是一个给年轻人造梦的人。他的登山俱乐部和登山学校就是一个"给予梦的平台"。有一个年轻人非常喜欢慕士塔格山，毕生的梦想就是想站在慕士塔格山的山顶。于是，他加入了阿山的阵营，阿山的团队非常值得信赖。在国内的业余登山界，几乎没有哪个团队比阿山的团队更加专业，加入阿山的登山队伍，意味着一只脚站到了慕士塔格山的山顶。于是，他跟着阿山的队伍去了遥远的新疆，并且如愿登上了慕士塔格山，实现了自己的梦想。当然，这个年轻人并没有继续挑战难度更高的8000米以上的山峰，他说："8000米以上是生命的禁区，是真正的登山家的舞台。我只是一名爱好者，我的梦想已经实现，也绝不会去盲目挑战难度更高的山峰。对于我而言，登上慕士塔格山就是我的梦想，我实现了梦想，同时也非常感激阿山向导的支持和帮助。"阿山得到了什么？阿山从这一次慕士塔格之旅收获了不菲的收益，再一次提升了登山俱乐部的知名度。与此同时，阿山最近几年开启了"未登峰"计划,并制定了许多专业性很强的方案,选择一些有难度但是安全性较好的"未登峰"的攀登线路。许多年轻登山者有着与阿山一样的梦想,于是他们打算一起去挑战中国境内的"未登峰"。

马云有一段话,"第一,要有梦想。一个人最富有的时候是有梦想,有梦想是最开心的。第二,要坚持自己的梦想。有梦想的人非常多,但能够坚持的人却非常少。阿里巴巴能够成功的原因是因为我们坚持下来。在互联网行业激烈的竞争环境里,我们还在,是因为我们坚持,并不是因为我们聪明。有时候傻坚持比不坚持要好得多"。对于一名社群管理者而言,如果想要让社群产生巨大的效益,就需要坚持梦想,为社群成员制造梦想,并且给他们一个实现梦想的平台。

后　记

这本书终于写完了。

但每一篇后记都不是句号,而是省略号。

写作,犹如一个孩子的新生,一定并不完美,但会越来越成熟。

这一年,我们持续在实战中检验"社群营销吸客术",比如每周24书院的品酒会、下午茶、项目路演、企业走访;每月22日的敬老爱老公益活动、守护星星的孩子系列活动、小白杨图书捐赠活动。

社群,让我们产生更多连接;社群,让我们碰擦出无数火花。

感谢牛哥倪李斌,营销专家在社群中充分赋能,爱心公益早餐店也成为热捧的项目。

感谢悦恩诸葛二姐,她是社群运营达人,在24书院的各项活动中成为当之无愧的大管家。

感谢24书院的联合创始人,让我们连接了百万人群,让我们把爱和力量放大。

感谢华为高端圈层,持续联合举办了大量有趣的社群活动,让商业和社群完美结合。

感谢领克车友会，把公益和社群充分结合，让线上和线下良性互动。

感谢彪悍一只猫团队、秋叶大叔团队、DISC社群、邻三月团队，他们专业的社群运营起到了标杆作用。

……

最后的最后，我想和您分享我经常对自己说的12句话。

1. 改变自己，最好的方式就是改变自己的圈子

2. 利他是最好的利己，帮别人有收获，你也会有收获。

3. 重要的不是有多少人关注你，而是有多少人信任你、需要你。

4. 一个人走得很快，但一群人走得很远。

5. 及时去感谢需要感恩的人，写感谢信要有时间、地点、人物、事件。

6. 好的社群，一定是付费的，有门槛，有价值。

7. 面对面的温度，是每个人最需要的。

8. 价值输出，是维系社群的核心。

9. 好的社群活动，一定有仪式感，就是可以拍照发朋友圈。

10. 江湖排座次，社群有分管。

11. 社群一定要有采访环节。

12.让自己变得更好,才是社群的关键。

24书院(微信公众号同名)欢迎你,致力于打造"学习+社交+赋能"的强大社群,愿各位读者事事如愿。